5,000년 한국발명 설화와 아름다운 이야기

K-발명

K-INVENTION

역사이야기

RECOMMENDATION

추/천/사

생성형 AI시대에 창의성을 키우는 것은 스토리텔링(이야기)으로 다양한 생각을 키워야 한다. AI는 이미 제시된 자료에 의하여 제공되는 것으로 역사 이야기는 AI정보가치를 결정짓는 핵심 자료다. 어릴 때 들은 이야기는 평생 동안 기억되어 다양한 생각을 창출시킨다.

『5,000년 한국발명이야기』는 역사적 자료를 통해 발명 동기, 과정, 가치를 쉽고 재미있게 제시하고 있다. 『K-발명 역사이야기』 책에 소개된 30가지 세계적 한국발명품의 설화와 아름다운 이야기로 엮은 한국(K)발명이야기는 아이들에게 꿈과 희망을 심어주는 책이다.

『K-발명역사이야기』 30가지는 고조선, 고구려, 신라, 백제, 고려, 조선시대에 따라 전해오는 설화와 아름다운 이야기로 한국인의 자긍심과 민족성, 창조적 발명 사고력을 심어주고 **『5,000년 한국발명역사이야기』**를 세계적으로 알리는 기회가 될 것이다.

전)교육과학기술부 편수관 본부장
교육학 박사 이 규 석

RECOMMENDATION

추/천/사

한국발명이야기는 생활을 좀 더 편리하게 살기 위해 필요한 도구와 기구들을 만들게 된 동기와 방법에 대한 이야기다. 발명 이야기에는 우리민족의 슬기로운 지혜가 들어있고 이를 통해 다양한 문제를 해결했던 과학, 기술, 공학, 수학. 예술적 창작 이야기가 전래되어 왔다. 또한 발명품을 만들면서 발달한 손기술에 대한 재미있는 이야기도 있다.

한국발명이야기 책은 고조선시대 다뉴세문경이 K철강산업의 뿌리가 되었고 디자인 설계가 K 반도체 설계기술이 된 이야기, 고구려시대 방패연이 오늘날 KF21 초음기로 개발되었으며, 고려시대 세계최초 다연발로켓 신기전이 K9 자주포의 뿌리가 되어 오늘날 세계 최강의 자주포로 개발된 이야기, 날틀(비거)의 설화가 오늘날 K 항공산업의 뿌리가 되었고 세계최초 철갑 거북선이 K 조선기술의 뿌리가 된 설화와 아름다운 발명이야기는 6.25 폐허 속에서 한국이 세계 6위 방산국가, 경제대국으로 만든 수많은 한국발명역사를 들려주고 있다.

5000년 한국발명역사 이야기를 통해 아이들에게 꿈과 희망을 이어주는 한국발명이야기 책은 한국발명역사를 통해 놀라운 선조들의 지혜와 손기술을 배우며 민족정신과 자부심, 긍지를 심어줄 것이라 확신한다.

전)한국발명진흥회 이사
전) 영동대학교 발명특허학과 교수
현)한국발명문화연구소 소장 **왕연중**

PREFACE

머/리/말

생성형 AI, GPT시대 미래 교육은 과학과 발명 사례를 통해 빅데이터를 활용하고 응용하여 꿈과 희망을 체계적으로 키워야 한다. 어떤 동기를 주고 도전 정신을 키울 것인가?

한국은 5,000년 발명 역사를 통해 세계적 발명품을 가진 유일한 국가다. 이를 기반으로 어느 시기에 어떤 발명을 어떻게 했는가, 발명 이야기는 아이들에게 꿈과 희망을 준다.

누구나 꿈과 희망을 품고 있으나, 꿈과 희망을 키우는 것은 스토리텔링에 의한 교육이다. 과학자나 발명가의 꿈과 희망을 품은 아이들에게 발명 이야기는 동기를 주고 도전 정신을 키운다.

발명 이야기는 발명 사례를 기반으로 이야기로 구성되어 구체적인 사례에 의한 창의적 사고력을 키우고 발명 과정을 통해 간접경험을 학습하는 효과가 크다. 따라서 생성형 AI, GPT 데이터를 기반으로 어디에 어떻게 활용할 수 있을까? 방향과 방법을 창출하는 능력을 키운다.

생성형 AI, GPT 시대는 빅데이터를 기반으로 교육하는 시대다. 교수나 교사보다 자신에게 필요한 AI를 선택하여 창의적 사고력을 교육하는 시대에서 5,000년 발명 역사 스토리텔링은 빅데이터를 적용, 응용, 활용하는 발명적 아이디어를 심어준다.

필자는 한국발명 교육 개척자로 생성형 AI, GPT 전문 경험을 바탕으로 세계적 5,000년 한국발명품을 재미있게 발명 역사 스토리텔링으로 미래 인재를 발굴 육성하고자 집필하였다.

미래발명교육자 **강충인**

CONTENTS

목/차

K-발명 역사이야기

제1부
고조선 발명 이야기

제1편
다뉴세문경의 미스터리

제2편
철기 호미와 낫

제3편
기록의 표음문자

제4편
고인돌의 비밀

제1편

다뉴세문경의 미스터리

다뉴세문경

옛날, 아주 먼 옛날, 한반도에는 반짝이는 강물처럼 맑은 눈을 가진 아이들이 살고 있었어요. 이 아이들은 하늘의 해와 달을 바라보며 궁금한 게 참 많았죠. 특히 해님처럼 밝게 빛나는 무언가를 손에 쥐고 싶어 했어요.

어느 마을에 '동해'라는 아주 특별한 아이가 살고 있었어요. 동해는 손재주가 뛰어나고 호기심이 많았죠. 주변에 보이는 것들에 궁금증도 많았고 새로운 것을 보면 만지고 싶은 욕망이 가득했어요.

모르는 것은 어른에게 반복해서 질문했어요. 어른들은 반복해서 질문하는 동해를 귀찮아하지 않았어요. 오히려 알고 싶어 하는 동해를 칭찬했어요.

물에 비친 얼굴, 거울을 꿈꾸며

어느 맑은 날 아침, 동해는 마을 앞 시냇가에서 물을 마시려다 문득 물에 비친 얼굴을 보게 되었어요.

"어? 내 얼굴이 물에 비치네!"

동해는 신기해서 한참을 들여다보았어요. 그런데 물결이 조금만 흔들려도 얼굴은 일렁이며 흐트러지고 일그러졌죠.

"어 사라졌네! 아쉽다. "

물처럼 내 얼굴을 깨끗하게 보여주는 것을 만들 수는 없을까?"

동해는 생각에 잠겼어요.

물은 흘러서 움직이니, 흔들리지 않고 맑게 얼굴을 비춰주는 방법을 찾고 싶다는 강렬한 소망이 생겼죠.

그날부터 동해는 밤하늘의 별을 보며 생각했어요.

"해님처럼 밝고, 달님처럼 맑은 그런 것을 만들 수 있다면 얼마나 좋을까?"

궁금증으로 강가를 걸어가던 동해는 반짝이는 돌멩이를 주웠어요.

"우와 정말 예쁘다! 이 돌멩이처럼 반짝이는 걸 만들 수 있다면 좋겠다."

순간 궁금할 때마다 찾아갔던 할아버지가 떠올랐어요.

불의 마법사의 등장과 황금 비율의 미스터리

동해는 마을에서 가장 지혜로운 '불의 마법사' 할아버지를 찾아갔어요. 불의 마법사 할아버지는 뜨거운 불을 다루는 방법을 아는 유일한 분이었죠.

동해가 주운 돌멩이를 보여주자 할아버지는 빙긋 웃으며 말했어요.

"오호, 이건 그냥 돌멩이가 아니란다. 땅속 깊은 곳에 숨어있는 청동이라는 귀한 금속이란다."

할아버지는 동해에게 청동을 만드는 신비한 방법을 알려 주었어요.

"청동은 그냥 땅에서 나오는 게 아니란다. **구리**라는 붉은색 돌멩이와 **주석**이라는 회색 돌멩이를 함께 뜨거운 불에 녹여야 해. 아주 아주 뜨겁게!"

동해는 할아버지와 함께 흙으로 만든 커다란 화로에 구리와 주석을 넣고 나무를 태웠어요. 활활 타오르는 불꽃 속에서 돌멩이들은 서서히 녹아내렸고, 마치 강물이 흐르듯이 반짝이는 쇳물이 되었죠. 이것이 바로 청동을 만드는 제련이라는 마법이었어요.

"그런데 말이야, 청동이라고 다 같은 청동이 아니란다. 어떤 비율로 구리와 주석을 섞느냐에 따라 단단해지기도 하고, 부드러워지기도 하고, 또 어떤 것은 더욱 잘 반짝이게 된단다."

실패와 도전: 황금 비율을 찾아서

그때부터 동해의 길고 긴 실험이 시작되었어요.

"할아버지, 이번엔 구리를 더 많이 넣어 볼까요?"

첫 번째 실험!

동해는 구리를 90%, 주석을 10% 넣고 쇳물을 만들었어요.

"음. 너무 붉고 탁하네. 거울처럼 맑게 비치지 않아요."

두 번째 실험!

이번엔 주석을 20%로 늘려 봤어요. 쇳물은 조금 더 밝아졌지만, 여전히 만족스럽지 않았어요.

"아직 멀었구나!"

세 번째 실험!

동해는 주석의 비율을 계속 늘려 보았어요. 주석이 너무 많아지자, 거울은 너무 쉽게 깨지고 말았어요.

"아이고! 이렇게 깨지면 안 되는데!"

동해는 실망했지만 포기하지는 않았어요.

밤늦게까지 장작더미에서 불을 피우며 여러 번 반복되는 실험을 거듭했어요. 동해는 인내심을 가지고 실패 원인을 찾았어요. 어떤 날은 쇳물이 잘 녹지 않아 실패했고, 어떤 날은 거푸집이 깨져버리기도 했어요. 매번 새로운 비율로 구리와 주석을 섞고, 쇳물이 식으면 조심스럽게 거울 조각을 만들어 보았죠. 수십 번의 실패 경험이 쌓일수록 동해의 얼굴에는 검댕이가 묻었지만, 오히려 눈빛은 더욱 빤짝이며 빛났어요.

"구리를 더 넣으면 단단해지고 주석을 더 넣으면 밝아지는구나. 이 둘의 딱 중간 어디쯤 내가 원하는 황금 비율이 있을 거야!"

동해는 마침내 수많은 실패 끝에 번뜩이는 아이디어를 얻었어요.

"그래! 구리와 주석의 비율을 7대 3으로 해보는 거야!"

작은 거울 속 거대한 우주: 디자인 미스터리

동해는 밤하늘의 별을 보며 반짝이는 아이디어를 얻었어요.

"별똥별처럼 얇고 가는 선들을 그려 넣으면 어떨까?

자연의 모든 현상, 바람, 물결, 별자리 같은 것들을 이 거울 안에 담아야겠다! 동해는 밤새도록 작은 나무 조각으로 가는모래 흙바닥에 그림을 그렸어요.

거울 한쪽은 깨끗하게 얼굴을 비추는 거울이 되었고, 다른 한쪽은 아름다운 무늬로 장식된 예술품이 되었어요.

동해는 특히 뒷면의 무늬에 마음을 쏟았어요. 거울의 지름이 겨우 14.5mm밖에 되지 않았는데 그 작은 면에 0.3mm 간격으로 폭 0.2mm의 선을 무려 13,000개나 그려 넣었어요.

동해의 손은 쉴 새 없이 움직였고 그의 눈은 작은 선 하나하나에 집중하여 세밀하게 새겼어요.

원은 해와 달처럼 영원한 생명의 순환을 나타냈어요. 삼각은 산처럼 단단한 의지와 땅의 풍요로움을 나타냈죠. 직선은 하늘과 땅을 연결하는 길, 자연의 질서를 나타냈어요.

동해는 마치 자연의 소리, 바람의 움직임, 별자리의 변화를 이 가느다란 선으로 철학적으로 담아내려 했어요. 이는 그저 예쁜 무늬가 아니라, 지혜를 담은 그림이었어요.

"동해야, 이건 정말 놀랍구나! 어쩌면 이렇게 가는 선을 정확하게 그릴 수 있니? 이건 손으로 할 수 있는 일이 아닌 것 같아!"

할아버지는 감탄했어요.

맞아요. 이 기술은 마치 마법 같았어요. 오늘날 첨단 레이저나 정밀 기계로도 이만큼 가느다란 선들을 정확한 간격으로 13,000개나 새기는 것은 매우 어려운 일이랍니다.

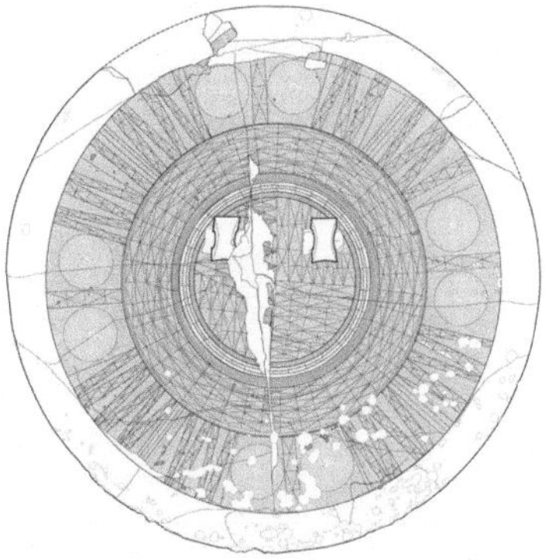

| 다뉴세문경 디자인) |

3,500년 전, 동해가 어떤 도구를 사용했고 어떤 방법으로 이처럼 섬세한 작업을 해냈는지는 여전히 풀리지 않는 세계적인 디자인 미스터리로 남아 있어요.

아마 동해의 뜨거운 열정과 끊임없는 노력, 그리고 자연의 아름다움을 깊이 이해하려는 마음이 그 해답일지도 몰라요.

동해는 조심스럽게 뜨거운 황금 청동 쇳물을 거푸집에 부었어요.

차가운 밤공기 속에서 쇳물이 식어가자, 동해는 두근거리는 마음으로 거푸집을 깨뜨렸어요.

"와아!"

동해의 입에서 감탄사가 터져 나왔어요. 거울은 해님처럼 동그랗고, 그 위에는 마치 밤하늘의 별들이 춤추는 듯한 아주 가느다란 선들이 빼곡하게 새겨져 있었어요! 빛이 거울에 닿자, 선들이 더욱 반짝이며 신비로운 빛을 뿜어냈죠. 이 아름다운 거울이 바로 다뉴세문경이었답니다.

'다뉴'는 거울 뒤에 여러 개의 고리가 달려 있다는 뜻이고, '세문경'은 가느다란 무늬가 새겨진 거울이라는 뜻이에요.

동해는 조심스럽게 다뉴세문경을 들어 올렸어요. 그리고 거울의 매끄러운 면에 비친 자기 얼굴을 보았죠. 흐트러짐 없이 선명하고, 이전보다 훨씬 더 밝고 아름답게 빛나는 모습이었어요. 동해의 입가에는 환한 미소가 걸렸어요. 물에 비친 얼굴을 보며 시작된 작은 꿈이, 수많은 실패와 도전을 거쳐 마침내 빛나는 발명품으로 완성된 순간이었죠.

마을 사람들은 동해가 만든 다뉴세문경을 보고 깜짝 놀랐어요.

"이 것은 그냥 거울이 아니야! 이 속에 하늘의 기운이 담겨 있는 것 같아! 우리 얼굴을 이렇게 맑게 비춰주다니!"

마을 여자들은 다뉴세문경의 아름다움에 빠졌어요.

거울에 새겨진 신비로운 무늬는 아름다운 장식과 함께, 자신들의 삶과 자연의 조화를 담은 듯 느껴졌죠.

다뉴세문경은 미래를 점치기도 하고, 중요한 의식을 치를 때 사용하기도 했어요. 동해는 이 거울을 통해 사람들에게 희망을 주고, 세상의 아름다움을 보여주었어요.

이처럼 다뉴세문경은 물에 비친 흐릿한 모습을 선명하게 보고 싶다는 **동기**에서 시작되어 뜨거운 불꽃 속에서 제련 기술을 익히고, 수많은 실패와 반복되는 실험을 통해 구리와 주석의 황금 비율을 찾은 미스터리 기술로 만들었어요.

그리고 무엇보다, 그 작은 거울 속에 13,000개의 섬세한 선으로 자연의 모습을 담아낸 디자인 미스터리는 수천 년이 지난 지금도 우리를 놀라게 하는 발명품이죠.

그림 속에 담은 원의 영원함, 삼각형의 단단함, 직선의 질서를 담아 여성의 아름다움을 더욱 빛내주었던 이 청동 거울은 선조들의 지혜와 예술혼이 담긴 소중한 발명품 보물이 되었답니다.

5,000년 한국발명 역사는 세계적 발명품을 만들어 왔고 선조들의 창조적인 DNA와 손기술은 여러분에게도 유전되어 있어요.

여러분도 다뉴세문경처럼 세상의 숨겨진 미스터리를 풀어보고 싶지 않나요?

제2편

철기 호미와 낫

불꽃 속에서 피어난 지혜

옛날 옛적, 다뉴세문경을 만들어 마을 사람들의 얼굴에 웃음을 찾아 주었던 '동해'를 마을의 지혜로운 소년으로 불렀어요. 그는 여전히 호기심이 많고, 늘 사람들에게 도움을 줄 새로운 방법을 고민했죠.

어느 해, 마을에는 큰 가뭄이 들었어요. 땅은 쩍쩍 갈라지고, 농부들은 곡식을 심을 수도, 김을 맬 수도 없었죠. 굳어진 흙을 파고, 질긴 풀뿌리를 뽑아내는 일이 너무나 힘들었어요. 농부들의 괭이나 낫은 툭하면 부러지거나 무뎌져서 일의 능률이 오르지 않았죠. 농부들의 지친 모습을 보며 동해는 다시금 고민에 빠졌어요.

"어떻게 하면 농부들이 좀 더 쉽게, 더 많은 땅을 일구고 농사를 지을 수가 있을까?"

| 청동도끼 |

붉은 흙 속의 검은 보물: 철의 발견

동해는 답을 찾기 위해 다시 불의 마법사 할아버지를 찾아갔어요. 할아버지는 동해에게 새로운 이야기를 들려주었죠.

“동해야, 이 땅속에는 청동 말고도 또 다른 귀한 금속이 숨어있단다. 바로 **철**이라는 것이지. 청동보다 훨씬 단단하고 강해서 땅을 일구는 도구를 만들기에 아주 좋단다.”

할아버지는 동해에게 붉은 흙이 많은 위치를 가르쳐 주시면서 가서 돌멩이를 가져오라고 했어요. 동해는 할아버지가 알려 준 곳에서 검붉은 빛을 띠는 돌멩이들을 잔뜩 주워서 “낑낑” 매고 왔어요. 할아버지가 그 돌멩이들을 가리키며 말했어요.

“이것이 바로 철이 숨어있는 돌, 철광석이란다.”

동해는 할아버지의 말을 듣고 고개를 갸웃거렸어요. 겉으로 보기엔 그저 평범하고 단단한 돌멩이일 뿐이었죠. 반짝이는 구리나 주석처럼 눈에 띄는 모양도 아니었고요. 호기심으로 가득 찬 동해의 눈빛이 할아버지를 향했어요.

“할아버지! 이 돌멩이 안에는 어떻게 철이 숨어 있나요? 겉으로 보기엔 그냥 돌인데요! 그리고 이 딱딱한 돌멩이에서 어떻게 강한 철이 나올 수 있어요?”

동해의 질문은 단순한 궁금증이 아니었어요. 눈에 보이지 않는 것 속에 숨겨진 것을 꿰뚫어 보려는 뛰어난 사고의 시작이었죠.

그는 돌멩이 겉모양에 속지 않고, 그 안에 숨겨진 무한한 가능성을 알아차린 거예요. 이처럼 세상에는 눈에 보이지 않는 물질들이 많이 있다는 것을 새롭게 알았어요.

“음, 이 돌 속에 단단한 철이 들어있다는 것이지”

“어떻게 철을 꺼내지?”

불의 시험: 강철을 향한 여정

할아버지는 동해의 날카로운 질문에 빙긋 웃었어요.

“하하, 동해야, 역시 넌 궁금한 게 많구나! 철은 청동보다 훨씬 깊은 곳에 들어 있단다. 철을 꺼내려면 뜨거운 불의 힘을 빌려야만 그 모습을 드러내는 아주 특별한 금속이란다.”

돌 속에 있는 철을 녹이는 과정은 청동보다 훨씬 더 어려웠어요. 철은 청동보다 훨씬 더 높은 온도가 필요했고 쉽게 순수한 쇳물을 얻을 수 없었어요. 동해와 할아버지는 더 큰 화로를 만들어야 했어요. 더 많은 나무와 숯을 태웠어요. 밤낮없이 불가마 앞에서 불을 지피며 엄청나게 땀을 흘려야 했어요. 철을 얻는 과정은 험난한 여행 같았어요.

하지만 그렇게 힘들게 만든 철은 너무 무르거나, 또 부서지기 쉬웠어요. 뚝뚝 부러지는 철 조각을 보며 동해는 한숨을 쉬었죠.

“할아버지, 이 철은 너무 약해요. 땅을 파면 금방 부러져요.”

할아버지는 미소 지으며 말했어요.

“그렇지, 철은 그렇게 한 번에 완성되지 않는단다. 쇳물을 만들고 다시 뜨거운 불에 넣고 두드리고, 또 식히는 과정을 반복해야 해. 두드리는 과정을 통해 철 속의 불순물이 빠져 나가고, 점점 더 단단하고 강해지는 강철을 만드는 것이 제련기술이란다!”

동해는 할아버지의 가르침대로 쇳물을 굳힌 철을 다시 뜨거운 불에 넣었다 빼내었어요. 쇠가 빨갛게 달아오르면 망치로 꽝! 꽝! 소리가 나도록 힘껏 두드렸죠. 차가운 물에 담가 치 이익! 소리를 내며 식히기를 수없이 반복했어요.

어떤 날은 팔이 너무 아파 쓰러질 것 같았고, 어떤 날은 뜨거운 열기에 그을려 얼굴이 새까매지기도 했어요. 수많은 실패와 고통 속에서도 동해는 단단한 철을 만들겠다는 마음이 더욱 강해졌어요.

농부의 마법 도구: 호미와 낫의 탄생

동해는 강하고 단단한 철을 만들 수 있게 되었어요. 이제는 어떤 모양의 도구를 만들어야 농부들이 가장 편리하게 사용할 수 있을지를 고민했어요.

동해는 농부들이 일하는 모습을 유심히 살펴보았어요. 평소에는 관심이 없었던 땅을 갈아엎고, 풀을 베고, 곡식을 거두는 모든 동작을 눈여겨보았죠. 힘들어 땀을 흘리는 농부를 생각하며 농사짓는 동작을 꼼꼼히 관찰했어요.

"땅을 팔 때는 흙이 너무 많이 딸려 오지 않아야 하고, 풀을 벨 때는 손목에 무리가 가지 않아야 해."

동해는 며칠 밤낮을 고민하며 여러 가지 모양을 그려 보았어요. 그러다 문득 손을 바라보았어요.

"내 손에 잡기 편하고, 흙을 담기에 알맞은 모양은 어떻게 만들면 될까?"

그는 흙으로 여러 모양의 거푸집을 만들어 보았어요. 어떤 것은 너무 무겁고, 어떤 것은 손잡이가 불편했어요. 수많은 시행착오 끝에 동해는 땅을 잘 파는 두더지를 보고 놀라운 아이디어를 얻었죠.

❙ 두더지 발톱 ❙

동해는 두더지 발톱을 꼼꼼히 살펴보았어요. 갈고리 모양의 발톱에 넓은 발바닥을 보며 호미 모양을 생각했어요.

"그렇지, 두더지 발톱과 발바닥처럼 만들면 되겠다!"

낫과 호미는 갈고리를 잡아당기는 방식으로 만들었어요. 낫은 풀을 잡고 당겨서 자르는 방식이었고 호미는 땅을 파고 흙을 담아 당기는 방식으로 농사일에 필요한 도구로 만들었지요.

동해는 농부들이 땅을 파는 모습을 보며

"어떻게 하면 가장 좋은 방법으로 흙을 팔 수 있을까?" 생각했어요. 그리고 문득, 흙을 담을 때 흙이 쉽게 흘러내리지 않으면서도, 단단한 흙을 파낼 수 있는 갈고리 모양을 떠올렸죠.

호미의 앞부분은 마치 맹수의 발톱처럼 갈고리 모양으로 구부러져 땅속 깊이 파기 쉽게 만들었어요. 그리고 뒷부분은 넓적하게 펼쳐서 파낸 흙을 쉽게 담아 옆으로 옮길 수 있게 했죠.

호미는 단순해 보이는 곡선과 넓은 면으로 농부들이 적은 힘으로도 놀라운 작업 능력을 나타내도록 과학적으로 만든 기구였어요.

뾰쪽하고 날카로운 앞면은 땅을 깊이 있게 파고들어 가게 되었고 뒷면은 적은 힘으로 흙을 담아낼 수 있게 만든 과학기술이었어요.

풀을 베는 농부들의 움직임을 유심히 관찰한 동해는 “어떻게 하면 손목에 부담 없이 풀을 벨 수 있을까?” 고민했어요.

그는 낫을 갈고리처럼 기역(ㄱ)자 모양으로 만들었어요. 이 낫의 굽은 날은 한 번에 많은 풀을 걸어 잡아당기며 자르기 쉽게 했고, 풀을 벨 때 잡아당기는 힘을 가장 적게 하여 농부들의 손목에 무리가 가지 않도록 했어요.

농부의 손놀림을 세심하게 관찰하여 만든 디자인이었죠. 날카로우면서도 쉽게 무뎌지지 않은 **주철 기술**이 더해져 더욱 강력한 농기구가 되었지요.

수천 년을 이어온 창조의 혼: 한국인의 손기술

동해는 자신이 만들어 낸 가장 강한 강철로 호미와 낫을 만들고, 다시 뜨겁게 달구어 수없이 망치로 두드리고 식히는 담금질 과정을 반복했어요. 이 과정을 통해 호미와 낫은 믿을 수 없을 정도로 **강하고** 튼튼한 농기구가 발명되었어요.

동해가 만든 호미와 낫을 받아 든 농부들은 깜짝 놀랐어요.

“이게 정말 철로 만든 거라고? 이렇게 가벼운데 어떻게 이렇게 땅을 잘 팔 수 있지?” “손목에 전혀 무리도 가지 않아! 온종일 일 해도 힘들지 않을 것 같아!”

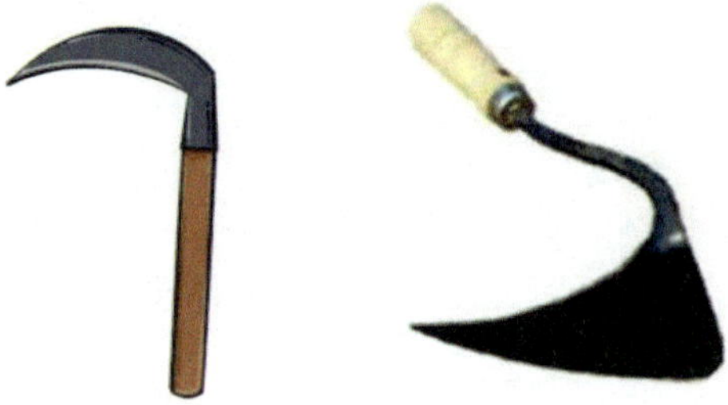

낫, 호미

농부들의 얼굴에는 오랜만에 환한 미소가 가득 피어났죠. 작은 힘으로도 일을 잘 할 수 있게 하는 호미와 낫의 소문은 빠르게 마을 전체에 퍼져 나갔어요.

그가 만든 호미와 낫은, 대를 이어 마을 농부들의 손에서 빛났어요. 그의 자손들은 동해의 지혜와 기술, 그리고 농민을 생각하는 마음을 이어받아 가볍고 더욱 튼튼한 호미와 낫을 만들기 위해 노력해 왔어요.

이처럼 호미와 낫은 수천 년 동안 그 모양이 거의 변함없이 사용해 왔어요. 이는 단순히 철을 잘 다루는 기술뿐만 아니라, 사람의 몸과 일을 잘할 수 있는 환경을 깊이 관찰하여 만든 도구이기 때문이에요.

낫과 호미는 사람에 맞는 설계 기술과 새로운 것을 만들어 내는 한국인의 사고력을 보여주는 증거예요. 작은 부분까지 관찰하고 섬세하게 다루는 놀라운 손기술이 없었다면 불가능한 일이었죠.

오늘날까지도 한국의 호미와 낫은 수천 년 동안 이어져 온 철기 기술과 장인 정신으로 평가받고 있어요. 특히, 놀라운 주철 기술로 만들어진 튼튼함과 적은 힘으로도 큰 효과를 내는 과학적이고 사람에 꼭 맞는 디자인은 전 세계적으로 인정받아 아마존 인터넷 시장에서 세계적인 명품 농기구로 판매되고 있답니다.

동해의 작은 고민과 끈질긴 노력은 수천 년의 역사를 거쳐 오늘날까지 전해지는 놀라운 발명품을 탄생시킨 것이죠.

자! 여러분도 주변의 작은 불편함에 귀 기울이고, 동해처럼 끊임없이 탐구하고 도전한다면, 언젠가는 세상을 바꾸는 멋진 발명가가 될 수 있을 거예요! 한국인에게는 동해처럼 세심한 관찰력과 포기하지 않는 창조적 DNA가 숨어 있답니다.

제3편

기록의 표음문자

아주 오랜 옛날, 다뉴세문경과 호미, 낫을 만들어 마을 사람들의 생활을 이롭게 했던 동해는 그동안의 일들을 들려주고 남기고 싶었어요. 호기심 가득한 눈으로 세상을 바라보며 자신의 경험과 지식을 아이들에게 전해주었죠.

어느 날, 동해는 마을 아이들을 모아 놓고 이야기를 시작했어요.

"얘들아, 너희는 내가 만든 다뉴세문경이나 호미, 낫이 어떻게 세상에 나오게 되었는지 궁금하지 않니?"

아이들은 눈을 반짝이며 동해를 바라보았어요. 동해는 빙긋 웃으며 그의 긴 발명 과정에서 가장 중요했던 비밀 하나를 알려 주었죠. 그것은 바로 기록의 힘이었어요.

동해는 그동안 만들면서 있었던 일들을 기록으로 만들고 싶어서 할아버지를 찾았어요.

"할아버지? 제가 말하는 것을 남기려면 어떻게 해야 하나요?"

할아버지는 신지에 대해 이야기를 들려주었어요. 그림과 기호로 만든 신지 문자는 문양과 모양에 따라 발음을 표현한 문자이었어요.

"한국인은 천(하늘)·지(땅)·인(사람) 3가지를 중요하게 생각하고 이것을 중심으로 생각하고 이야기해 왔단다."

사라지지 않는 소리, 기록의 지혜

"우리 조상들은 아주 특별한 지혜를 가지고 있었단다. 바로 표음문자라는 것이었지."

동해는 고조선 시대의 표음문자는 소리 하나하나를 글자로 담아내는 놀라운 발명품이었다고 설명했어요. 말은 사라지고 잊히지만 그림이나 기호, 문자는 영원히 남는다는 할아버지의 말씀에 동해는 열심히 표음문자를 배우고 만들었어요.

"기록하지 못했다면, 나는 물에 비친 내 얼굴을 맑게 보고 싶다는 생각만 했을 뿐, 다뉴세문경을 만들 엄두도 내지 못했을 거야. 머릿속의 아이디어는 마치 아침 이슬처럼 금방 사라지지만 이런 생각을 문자로 기록하면서부터 모든 것이 달라졌단다."

동해는 종이가 없던 시절, 돌이나 나무 조각에 자신이 보고 들은 것을 그림처럼 그리고 때로는 소리를 닮은 기호를 새겼다고 말했어요.

"내가 강물에 비친 얼굴을 보고 '어떻게 하면 물처럼 흔들리지 않는 거울을 만들까?' 고민했을 때, 그 생각을 그림과 간단한 기호로 그려 놓았지. 어떤 돌멩이가 반짝이는지, 어떤 흙이 거푸집이 될 수 있는지 기록했어. 그렇게 내 생각을 '글'로 옮겨 담는 순간, 머릿속에 엉켰던 실타래가 풀리듯 명확해지는 것을 느꼈단다."

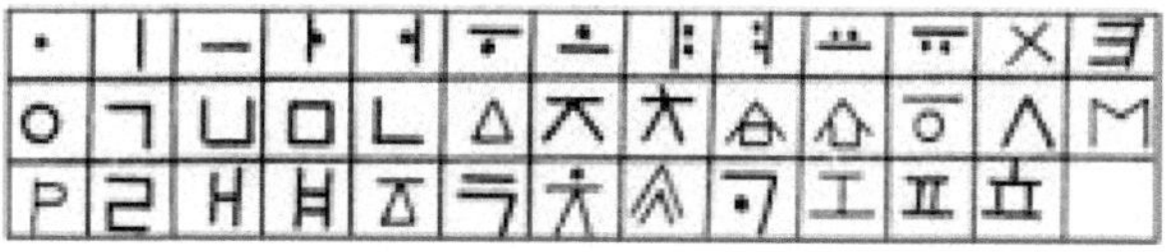

▎가림토 표음문자▎

다뉴세문경, 기록 속에 새겨진 빛과 메시지

동해는 아이들에게 다뉴세문경을 만들기 위해 구리와 주석의 '황금 비율'을 찾아 헤매며 기록했던 수많은 실패담을 들려주었어요.

"나는 수십 번, 아니 수백 번 실패 했단다. 구리를 더 넣어 보고 주석도 더 넣어 보고 뜨겁게 녹였다가 식히는 과정을 반복했지……. 매번 '이번엔 될 거야!' 기대했지만, 결과는 언제나 탁하거나 쉽게 깨지는 거울 조각이었어. 그때마다 나는 실망했지만 포기하지 않았어."

"그때 나를 다시 일으켜 세운 것이 무엇이었는지 아니? 바로 **기록**이었단다.!"

동해는 작은 나무판에 오늘 어떤 비율로 금속을 섞었는지, 얼마나 불을 지폈는지 그리고 결과는 어떠했는지 꼼꼼히 적어 놓고 다음에 만들 때 참고했다고 했어요.

"어떤 비율에서 금속이 너무 물렀는지, 어떤 불 조절에서 쇳물이 탁해졌는지를 기록했어. 이렇게 발명 과정을 기록하면서 나는 무엇이 잘못되었는지 정확하게 알 수 있었지."

"어제의 실패 기록이 오늘의 성공으로 이어지는 소중한 지름길이 되었단다."

동해는 다뉴세문경에 그림을 그리는 과정을 기록했던 기호나 그림을 보여주며 진지하게 말했어요.

특히, 다뉴세문경의 뒷면에 새겨진 13,000여 개의 가느다란 선들을 디자인할 때도 동해는 기록의 힘을 빌렸어요.

"어떻게 하면 이 작은 거울 안에 하늘의 별자리, 바람의 흐름, 물결의 무늬처럼 신비로운 자연 현상을 담아낼 수 있을까, 고민했지."

동해는 땅바닥에 그림을 그리고 기호를 그리며 다뉴세문경에 새기는 형태를 생각했어요.

”나는 흙바닥에 수없이 많은 **그림**을 그리고 그 옆에 ‘이 선은 물의 흐름을 나타냄’이라고 표시했지.

“‘이 원은 해와 달’이라고 의미를 **표음문자 기호로 기록**했어.”

동해는 나무 조각이나 점토판에 그렸던 것을 보여주며 이리저리 조각을 맞춰 가며 이야기를 이어갔어요.

“지름 14.5mm 안에 0.3mm 간격으로 0.2mm 선을 13,000개나 새겨 넣는다는 건 정말 어려운 일이었어. 하지만 나는 내가 그린 그림과 기록한 자료들을 보며 포기하지 않고 끊임없이 손기술을 연습했단다. 이 기록이 없었다면, 이토록 정교하고 신비로운 다뉴세문경의 무늬는 절대 탄생할 수 없었을 거야.”

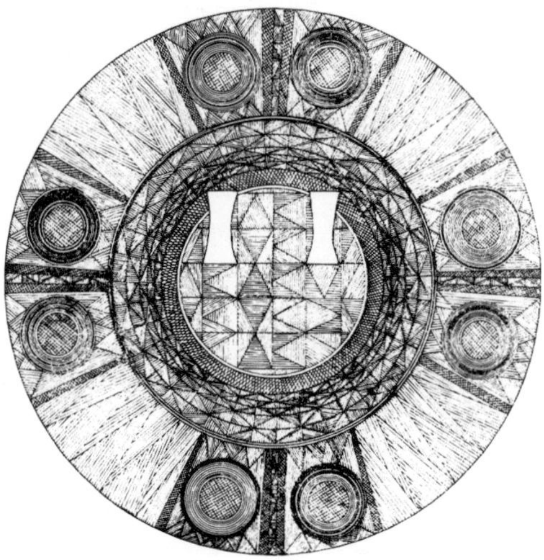

다뉴세문경 디자인

다뉴세문경은 동서남북 사방에 두 개의 원을 정교하게 그렸고 삼각형과 사각형을 섬세하게 일정한 간격으로 디자인한 그림문자 기술은 오늘날 세계적인 미스터리가 되어 있어요. 다뉴세문경에 그려진 그림은 다양한 의미를 지니고 있답니다.

동해는 아이들에게 다뉴세문경 디자인에 담긴 메시지와 기록의 **가치**에 대해 특별히 강조했어요.

“얘들아, 다뉴세문경 뒷면의 섬세한 선들은 단순히 예쁜 무늬가 아니란다. 그것은 우리 조상들이 세상을 이해하고 하늘과 소통하려 했던 깊은 생각과 염원이 담긴 기록이었지.”

“예를 들어, 다뉴세문경에는 동심원 모양이 많단다. 이것은 해와 달처럼 완벽하고 영원한 생명의 순환을 의미했지. 또 삼각형 모양은 산처럼 단단한 땅의 힘과 풍요로움을, **직선**들은 하늘과 땅을 잇는 길이나 자연의 질서를 상징했어.”

이러한 그림 기호들은 당시 사람들이 자연을 우러러 공경하고, 농사가 잘되기를 빌며, 평화롭게 살고 싶은 마음을 담고 있는 것이었어요.

동해는 옛날 사람들이 문자를 만들기 전에 어떻게 그림으로 소통하고 기록했는지에 대한 흥미로운 사례를 들려주었어요.

“아주 먼 옛날, 우리 조상들은 지금처럼 발달한 표음문자가 없었을 때도 그림으로 많은 것을 이야기했단다. 예를 들어 힘센 곰이 나타나면 곰 그림을 그리고 그 옆에 활과 화살 그림을 그려서 곰을 사냥했다는 뜻을 나타냈지. 또, 따뜻한 햇볕 아래 싹이 돋아나는 모습을 그림으로 그려 ‘봄이 왔다, 씨앗을 심자!’라는 메시지를 전하기도 했어.

아이들은 기록이 얼마나 중요하고 과거와 현재, 미래를 이어준다는 말에 두 눈을 반짝이었어요.

"그림은 곧 마음을 담은 문자이고 세상을 기록하는 방식이었어"

다뉴세문경의 무늬도 그런 옛 조상들의 지혜가 담긴 그림 기록으로 남아 있는 것이에요. 다뉴세문경을 통해 우리는 수천 년 전 우리 조상들이 어떤 생각을 하고, 무엇을 소망했는지를 짐작할 수 있어요.

호미와 낫, 기록 속에서 피어난 지혜

동해는 호미와 낫을 발명했던 이야기도 들려주었어요.

"철광석을 처음 봤을 때, 나는 그저 평범한 돌멩이 속에 어떻게 강한 철이 숨어있는지 너무나 궁금했단다."

돌멩이 안에는 어떻게 철이 숨어있나요? 겉으로 보기엔 그냥 돌인데요? 이 딱딱한 돌멩이에서 어떻게 강한 철이 나올 수 있어요? 동해는 이런 질문을 하며 할아버지의 말씀을 나름대로 기록했어요.

"농부들이 땅을 파고 풀을 베는 모습을 보며 어떤 도구가 가장 좋을지 고민할 때도 나는 늘 기록했어. 농부들의 손 모양은 어떤지, 어떤 동작에서 힘들어하는지, 어떤 모양의 도구가 흙을 잘 담고 풀을 잘 벨 수 있는지 끊임없이 그려 보고, 그 모습을 기록했단다."

동해는 발명 비결이 기록에 있다는 것을 구체적으로 알려 주었어요.

"때로는 그림으로 도구의 모양을 그리고, 그 옆에 '이 부분은 흙을 더 잘 담음', '이 각도는 손목 부담을 줄여줌' 같은 설명을 기호나 그림으로 덧붙였지. 호미의 갈고리 모양과 넓은 뒷부분, 낫의 'ㄱ'자 모양 곡선이 탄생한 것도 모두 나의 꼼꼼한 그림과 기록 덕분이었지."

동해는 기록 방법 중요성도 말했어요.

“그 기록들이 모여 사람에게 알맞게 만드는 기술과 새로운 사고력을 발휘할 수 있도록 도왔단다. 단순히 기능만 좋은 도구가 아니라, 사용하는 사람의 몸을 이해하고 편안하게 만들어 주는 도구를 만들고 싶었거든. 그렇게 오랜 시간 동안 변함없이 사용되어 온 호미와 낫이 탄생한 것이란다.”

발명 기록은 역사가 되고, 미래를 밝힌다.

동해는 아이들에게 기록의 중요성을 말했어요.

“얘들아, 기록은 단순히 지난 일을 적는 것이 아니란다. 기록을 통해 생각을 정리하고, 정리된 생각 속에서 새로운 생각이 나오는 것이지. 기록은 너희의 생각을 단단하게 만들어 주고, 발명하는 생각을 끊임없이 자극해 줄 것이란다.”

동해는 그동안 발명했던 기록에 대해 말했어요. 모두가 궁금했던 이야기이었어요.

다뉴세문경이 오늘날까지 그 놀라운 디자인 미스터리를 품고 있고 호미와 낫이 수천 년이 지난 지금도 세계적인 명품으로 인정받는 이유는 무엇일까?

“후대 사람들이 발명 과정을 기록하고 그 지혜를 대대로 이어받아 발전시켰기 때문이란다. 발명 역사를 기록하고 발명 과정을 꼼꼼히 기록하는 것이야말로 미래를 밝히는 가장 위대한 일이라는 것을 잊지 말아야 한다.”

동해의 이야기를 들은 아이들은 저마다 작은 돌멩이나 나뭇가지, 혹은 흙바닥에 생각을 기록하기 시작했어요. 그 작은 기록들이 모여 언젠가 세상을 바꿀 위대한 발명품이 될 것이라는 희망을 품었어요. 동해의 지혜로운 여행은 그렇게 기록을 통해 대대로 이어지고 있답니다. 여러분도 무엇이든 기록하는 습관을 키워보세요.

제4편

고인돌의 비밀

아주 오랜 옛날, 다뉴세문경과 호미, 낫을 만들고 기록의 지혜를 가르쳤던 동해는 항상 밤하늘의 별처럼 깊은 눈으로 세상을 바라보며 미래를 살아갈 아이들에게 우리 민족의 위대한 발자취를 이야기해 주었죠.

어느 날, 동해는 마을의 넓은 터에 우뚝 서 있는 거대한 돌을 가리키며 아이들에게 물었어요.

"얘들아, 저 거대한 돌덩이를 보렴. 저것이 바로 우리 조상들이 수천 년 전에 만든 고인돌이란다. 나는 저 고인돌을 보면서 우리 민족의 강한 힘을 느낀단다. 너희는 저 돌이 우리에게 어떤 이야기를 해주고 있다고 생각하니?"

아이들은 거대한 돌 앞에서 고개를 갸웃거렸어요. 동해는 따뜻한 미소를 지으며 고인돌에 얽힌 한국인의 위대한 이야기를 시작했어요.

| 고인돌 |

땅 위에 새겨진 역사, 고인돌의 흔적

“저 고인돌은 그냥 돌덩이가 아니란다. 저 안에는 우리 민족의 아주 긴 역사와 지혜가 담겨 있단다.”

커다란 돌덩어리로 알고 그 위에서 뛰어놀던 아이들이 선조들의 역사와 지혜가 담겨 있다는 말에 두 눈이 휘둥그레졌어요.

“전 세계에 흩어져 있는 고인돌 중 가장 많은 고인돌이 바로 이 한국 땅에서 발견된다는 것을 아니?”

동해는 아이들의 눈을 바라보며 말했어요.

“왜 그럴까? 그것은 우리 조상들이 이 땅에서 아주 오랫동안 머물러 생활하며 여러 사람의 힘을 모아 큰일을 하는 데 익숙했기 때문이란다.”

아이들은 이렇게 커다란 돌덩이를 어떻게 옮겨 왔는지 궁금했어요.

“마을 사람들은 힘을 합쳐 수십 톤, 때로는 수백 톤에 이르는 거대한 돌을 옮기고 쌓아 올렸어. 그것은 그들이 늘 함께 사는 협동심을 가지고 있었다는 것이지.”

아이들은 거대한 돌덩어리를 어떻게 움직여 왔는지? 궁금했어요. 수천 년 전 기계가 없던 시절에 어떻게 돌을 옮겼을까? 궁금해하는 아이들에게 설명했어요.

“큰 돌을 들려면 돌 밑에 나무토막을 깔고 단단한 나무로 쉽게 들어 올리거나 통나무로 굴려서 이동했지. 그것을 지렛대라고 한단다. 무거운 것을 쉽게 들기 위해 나무를 이용하는 것이지.”

지렛대는 생활에 가장 많이 이용하는 방법으로 우리가 사용하는 젓가락을 사용할 때 한쪽 손가락으로 받치듯이 지렛대 아래 받침돌을 사용하는 방법이에요. 거대한 돌을 받친 두 개의 받침돌은 돌의 균형도 만들고 받침돌 아래 무덤을 덮어주는 역할을 해요. 받침돌 아래에서 그 당시 사용했던 유물들이 땅에서 파내어져 과거 생활을 알 수 있어요.

궁금증에 가득 찬 얼굴로 쳐다보는 아이들에게 고인돌이 가진 역사적 일들을 알려 주었어요.

"고인돌은 무덤만이 아니라, 어떤 고인돌은 마을의 중요한 회의 장소이었고 어떤 고인돌은 하늘에 제사를 지내는 신성한 제단이었지"

그렇다면, 고인돌은 한국에만 있는 것일까?

아이들은 위대한 한국 역사를 알고 싶었어요.

"고인돌은 아시아를 비롯하여 유럽, 북아프리카 등에 6만 개 정도가 있는데 한국에서만 4만 개가 발견되었단다."

"그럼, 우리나라가 세계 최고로 많네요."

아이들은 오랜 발명 역사와 기술을 가진 민족이라는 자부심이 들었어요. 고인돌에서는 돌화살촉이나 간 검돌, 민무늬토기, 청동 제품 등을 비롯하여 비파형 동검, 청동 도끼, 곱은옥, 대롱옥, 붉은 간토기, 가지무늬토기, 나무 열매나 곡물의 껍질을 벗긴 갈돌과 갈 판, 곡식의 이삭을 자르는 반달돌칼, 나무를 자르거나 가공할 때 쓰는 돌도끼, 돌자귀, 돌 끌 등 다양한 토기 등이 발굴되었어요.

| 돌칼, 돌주먹 |

| 토기 |

거대한 지혜, 고인돌의 기술적 가치

"고인돌을 만드는 것은 쉬운 일이 아니었어. 생각해 보렴. 저렇게 무거운 돌을 어떻게 움직이고, 어떻게 정확하게 쌓아 올릴 수 있었을까?"

동해는 아이들에게 질문했어요.

"거대한 돌을 어떻게 여기까지 가져왔을까?"

아이들은 모두가 의아해했어요. 수 톤이나 되는 거대한 넓적한 돌을 어떻게 옮겼을까? 운반 기구도 없던 시대에 운반 방법은 무엇이었을까? 서로 얼굴을 쳐다보며 궁금했어요.

동해는 긴 막대기를 들고 돌 받침으로 큰 돌멩이를 움직였어요.

"이렇게 뛰어난 기술과 새로운 것을 생각해 내는 사고가 있었기 때문이란다. 우리 조상들은 돌을 깨고 운반하고 쌓아 올리면서 놀라운 지혜를 발휘했어. 돌 밑에 나무토막을 깔고 지렛대의 방법을 이용해 밀어 옮기거나 통나무를 굴려 수십 킬로미터를 이동시키기도 했지."

"고인돌에서 중요한 것은 정확한 계산으로 높이와 길이 등 방향을 잘 재서 돌의 무게 중심에 맞게 무너지지 않도록 균형을 맞춰 쌓아 올렸단다."

이야기를 듣고 있던 불의 마법사 할아버지가 말씀하셨어요.

"고인돌은 우리 선조들이 자연의 힘을 빌려 거대한 건축물을 만들 수 있었던 놀라운 기술력을 증명하는 유산이지. 후대에 이런 기술로 건물을 짓게 될 것이야."

고인돌은 그 시대의 여러 기술로 만든 발명품이었어요.

마음을 담은 돌, 고인돌의 문화적 의미와 발명 정신

"하지만 고인돌이 가진 진정한 의미는 기술적인 것만 있는 게 아니란다."

동해는 고인돌을 쓰다듬으며 말했어요.

"고인돌에는 조상들의 깊은 문화 가치와 정신이 담겨 있어."

아이들은 고인돌의 중요성을 알게 되었어요.

"고인돌은 죽은 사람에 대한 깊은 존경심과 영원한 안식을 기원하는 마음을 담고 있단다. 마을의 자부심과 긍지를 높이고 후손들에게 자신들의 존재를 알리는 상징이었지."

아이들은 '고인돌을 아끼고 항상 주변을 깨끗이 정리해야겠다' 생각하게 되었어요. 편평한 돌을 놀이터로 생각했던 아이들은 선조들의 무덤이고 역사가 담긴 유산이라는 생각을 하게 되었어요.

동해는 고인돌의 문화적 가치를 강조했어요.

"우리 민족의 발명 문화와도 연결된단다. 우리 조상들은 단순히 먹고 사는 문제를 해결하는데 만 그치지 않았어. 더 편하고 아름다운 생활을 위해 끊임없이 고민하고 새로운 것을 창조했지."

동해는 다뉴세문경을 비롯한 호미, 낫을 만들었던 일들을 되새기면서 아이들에게 꿈과 희망을 심어주었어요.

다뉴세문경에 우주의 질서를 새겨 넣고 호미와 낫으로 농부가 편하게 일해서 살아가기 좋게 하려는 마음을 담았던 것처럼 고인돌에는 땅과 하늘을 잇는 정신적 교감이 담겨 있었다는 말에 아이들은 숙연했어요.

"너희들도 선조처럼 살기 좋은 마을을 만들고 함께 살아가는데, 필요한 것을 만들 수 있단다. 너희들에게는 새로운 것을 만들어 내는 능력의 피가 흐르고 있고 손기술이 깃들어 있단다."

동해가 후대에 전하는 말

동해는 아이들을 한 명, 한 명 바라보며 마지막 말을 전했어요.

"얘들아, 너희는 고인돌을 통해 우리 선조들이 얼마나 위대한 협동심과 도전 정신, 그리고 앞서가는 지혜를 가졌는지 알게 되었지? 모든 것은 작은 불편함에서부터 시작하는 것이란다."

불의 마법사 할아버지는 동해의 이야기를 듣고 나서 아이들에게 꿈과 희망을 품으라고 말씀하셨어요.

"너희들은 다뉴세문경의 아름다움을 만들었고 여러 사람이 협동해서 거대한 돌을 움직이었듯이 보이지 않는 곳에 숨어있는 철을 찾아내고 소리에 글자를 만든 것처럼 겉모습만 보지 않고 그 속에 숨은 가치를 찾아내는 능력을 가진 민족의 자손이란다."

불의 마법사 할아버지는 동해를 칭찬하시면서 아이들에게도 모두가 발명가가 될 수 있다고 말씀하셨어요.

"이것이 바로 한국인 발명 문화의 시작이자 뿌리란다. 고인돌은 수천 년 전 우리 조상들이 땅 위에 새긴 위대한 발명품이자, 후손들에게 남긴 가장 크고 귀중한 메시지란다."

아이들은 고인돌을 다시 바라보았어요.

"너희도 이 고인돌처럼 함께 힘을 모으고 끊임없이 생각하고 도전하며 너희만의 지혜와 발명으로 세상을 더 나은 곳으로 만들어 가렴.

너희 안에는 이미 그 위대한 조상들의 발명 DNA가 숨 쉬고 있단다."

아이들은 웅장한 고인돌을 올려다보며 동해와 불의 마법사 할아버지의 말씀을 마음속 깊이 새기고 있었어요.

아이들의 가슴 속에는 고인돌처럼 굳건하고 동해의 지혜처럼 빛나는 발명 정신의 씨앗이 깊숙이 뿌리 내리고 있었지요.

제2부
고구려 발명 이야기

제5편

흙으로 빚은 고구려 토기

아득히 먼 옛날, 만주 벌판에 우뚝 솟아난 웅장한 나라, **고구려**가 있었어요. 고구려는 산과 강을 벗 삼아 용맹한 기상으로 살아가는 사람들이 모여 만든 나라였죠. 때로는 이웃 나라와 힘겨루기를 하며 강인함을 키웠고, 때로는 아름다운 예술과 빛나는 지혜로 세상에 이름을 떨쳤어요.

고구려의 왕과 백성들은 늘 더 나은 내일을 꿈꾸며, 밤하늘의 별처럼 반짝이는 아이디어를 찾아 나섰어요. 그 모든 노력은 고구려가 더 튼튼하고 풍요로운 나라가 되는 밑거름이 되었죠. 바로 그 꿈을 현실로 만든 이야기 중 하나가 고구려 토기에 숨어 있답니다.

고구려 토기

메마른 땅에서 피어난 아리의 지혜

고구려의 시작은 그리 쉽지 않았어요. 몹시 메마른 땅에서 곡식을 키우고, 사나운 짐승들과 추위 속에서 살아남아야 했죠. 그러기 위해선 무엇보다 먹고사는 문제가 중요했어요. 따뜻한 음식을 만들어 먹고, 남은 식량을 오래 보관하는 것은 생명을 지키는 일과 같았어요.

그때, 고구려의 작은 마을에 **아리**라는 영리한 소녀가 살았어요. 아리는 호기심이 많고, 늘 주변을 유심히 관찰하는 아이였죠.

"이 곡식을 어디에 보관할까?"

아리의 엄마는 늘 식량을 보관할 곳이 마땅치 않아 걱정이 많았어요.

"나물을 어디에 담을까?"

힘들게 수확한 곡식이나 귀한 나물들이 금세 상하거나 벌레가 꼬여 버리는 일이 많았어요. 물을 길어 올 때도 무거운 나무 그릇은 너무 불편했고 자칫 잘못하면 쏟아지기 일쑤였어요.

어느 날, 아리는 비가 온 뒤 질척이는 흙장난을 하다가 문득 생각했어요. '이 진흙으로 무언가를 만들면 어떨까? 굳으면 돌처럼 단단해지는 진흙인데!'

아리는 흙을 만지면서 어느 흙은 부드럽고 끈적이는 느낌이었고 어떤 흙은 좀 더 고운 느낌을 느꼈고 어떤 흙은 거칠다고 느끼면서 흙마다 성질이 다르다는 것을 알았어요.

마치 과학자가 실험하듯이, 흙을 이리저리 섞어 보고 모양을 만들어 보며 놀았죠. 흙마다 다르다는 깨달음과 흙장난 속에서 싹튼 호기심이 바로 고구려 토기 발명의 첫걸음이었어요.

고구려 토기는 한국 도자기 기술의 시작이고 도자기 문화를 만든 역사이에요.

최고의 재료를 찾아서

토기 발견 이야기를 듣고 사람들은 흙의 중요성을 알았어요.

"어떤 흙이 가장 좋을까?"

마을 사람 모두가 고민하기 시작했죠. 아리와 마을 사람들은 아무 흙이나 퍼오는 것이 아니라, 최고의 흙을 찾아 산과 들을 헤매기 시작했어요.

사람들은 흙을 손으로 비벼보고 물에 개어도 보며 불에 살짝 구우면서 흙의 성질을 알게 되었어요. 너무 끈적이는 흙은 마를 때 갈라지고 너무 푸석한 흙은 형태를 만들기 어려웠죠. 가장 좋은 흙은 적당히 찰기가 있고 잡티가 적은 것을 구웠을 때 단단하고 아름다운 모양을 내는 흙이었어요.

어느 날 강가에서 찰흙을 찾아냈는데 이 흙은 가늘고 부드러우면서 매우 고아서 모양을 만들기가 좋았어요.

이 흙은 깊은 산속에서도 발견되었어요. 고형 토는 철분이 적당히 섞여 있어서 구웠을 때 고구려 토기 특유의 단단하고 붉은빛 또는 회흑색을 띠었어요.

고구려의 흙은 당시 다른 지역의 흙보다 불순물이 적고, 굵기가 가늘고 부드럽고 고른 경우가 많았다고 해요.

이는 고구려 사람들이 흙을 고르는 능력이 뛰어났고 흙 속의 다양한 미네랄 성분이 토기의 강도와 색깔에 큰 영향을 준다는 것을 경험적으로 알고 있었기 때문이었어요.

이처럼 재료에 대한 깊은 생각이 고구려 토기의 뛰어난 품질을 만든 비결이었어요.

손끝으로 빚어낸 지혜 토기

최고의 흙을 찾아낸 뒤에는 이제 흙을 다듬는 과정이 중요했어요. 먼저 흙 속에 섞인 나뭇잎이나 돌멩이 같은 불순물을 하나하나 골라내고 물을 섞어서 부드럽게 반죽했어요. 마치 떡 반죽을 하듯이 흙을 주무르며 발로 밟아서 흙 속의 공기를 빼내자 찰기가 더 좋아졌어요.

이제 흙으로 모양을 만들어 토기를 빚을 차례가 되었어요.

아리와 마을 사람들은 토기 모양을 만들기 위해서 다양한 방법을 찾았어요.

먼저, 손으로 흙덩이를 눌러 펼치고 동그랗게 말아 올리면서 모양을 만들었어요. 아리는 엄마에게 물을 담을 그릇, 곡식을 담을 항아리, 심지어 작은 인형까지 만들어 주며 흙이 다양한 모양으로 만들어지는 재미에 푹 빠졌어요. 손놀림에 따라 만들어지는 토기가 너무나 신기했어요.

여러 모양을 만들면서 다른 방법도 생각했어요. 모양을 만드는 과정에서 큰 형태를 만드는 방법도 알았어요.

두 번째 방법은 흙을 긴 끈처럼 만든 다음 차곡차곡 쌓아 올리면서 그릇의 몸통을 만드는 방법으로 만들었어요. 이 방법은 처음에 만든 그릇보다 더 크고 튼튼한 항아리로 만들 수 있었어요.

이렇게 만들다 보니 만들 때마다 모양이 달랐어요.

"나도 이왕이면 저것처럼 만들어 줄 수 없니?"

마을 사람들은 잘 만들어진 것을 보며 똑같이 만들어 달라고 부탁했어요. 아리는 똑같이 만드는 방법을 생각했어요.

이때, 나뭇잎마다 다른 모양인데 하나의 나뭇잎을 가지고 똑같은 크기의 나뭇잎을 찾는 놀이를 하던 것이 생각났어요.

"그렇지, 하나를 먼저 만들어 보자!"

하나의 틀을 만들어 여러 개를 반복해서 만드는 방법을 찾았어요.

나무나 다른 토기로 만든 틀에 흙을 눌러 넣어 일정한 모양을 만들기도 했어요. 덕분에 똑같은 크기와 모양의 그릇을 많이 만들 수 있었죠.

이렇게 정성껏 빚은 토기는 바로 불에 넣지 않았어요. 바로 넣으면 깨지는 것을 보았지요. 그래서 바람이 잘 통하는 그늘에서 충분히 말려야 하는 이유를 알았어요. 덜 마른 토기를 불에 넣으면 수분이 갑자기 증발하면서 깨져버린다는 것을 알았거든요.

마치 요리사가 음식을 만들 때 재료를 준비하고 숙성시키는 것처럼 고구려 사람들은 토기가 완벽한 모양이 될 때까지 기다렸어요.

고조선 항아리

불꽃을 다스리는 장인의 혼

토기가 단단한 그릇으로 완성되는 마지막 단계는 바로 불가마 속에서 굽는 것이었어요. 이 과정은 불을 조절하는 인내심이 필요한 중요한 과정이었어요.

아리는 커다란 불가마에 토기를 넣고 장작불을 지폈어요. 처음에는 약한 불로 천천히 온도를 올리면서 토기 속의 남아 있는 수분을 완전히 날려 보내야 했어요. 점점 더 강한 불을 지펴 가마 온도를 최고 온도까지 끌어올렸죠.

아이들은 궁금했어요.

"왜, 장작을 넣었다 빼었다 해요? 아리는 땀을 흘리며 말했어요.

"온도가 너무 낮으면 토기가 무르고, 너무 높으면 녹아내리거나 뒤틀릴 수 있단다. 불가마 안의 온도는 섭씨 800도에서 1200도까지 올라가야 하거든."

고구려 장인들은 가마 속 불의 색깔, 연기의 흐름, 그리고 흙의 변화를 눈으로 보며 온도를 섬세하게 조절했어요. 며칠 밤낮을 새워가며 불이 꺼지지 않도록 장작을 넣고 온도를 확인하는 것은 오랫동안 참고 견뎌야 하는 일이었죠. 한순간의 부주의가 토기를 망칠 수 있었으니까요.

아리는 항아리를 높이 들며 자랑했어요.

"이러한 불 조절 덕분에 고구려 토기는 매우 단단하고 견고하단다. 물이 스며들지 않아 위생적이고 깨지기 쉬운 다른 재료의 그릇보다 훨씬 오래 사용할 수 있단다."

아리가 만든 항아리는 마치 돌처럼 단단하고 가볍게 느껴지는 신기한 그릇이었어요.

고구려 토기가 생활을 바꾸고 문화를 꽃피우다.

토기 덕분에 고구려 사람들의 생활은 완전히 달라졌어요. 생활에 필요한 다양한 토기를 만들면서 생활방식이 편리하고 안정적으로 바뀌었어요. 식량을 안전하게 보관할 수 있게 되었고 토기를 이용한 식품을 개발하게 되었어요.

"얘들아, 이게 뭔지 아니?

아리는 큰 항아리를 붙잡고 말했어요. 그 속에는 곡식이 가득 차 있었어요. 토기에 곡식을 담아두니 벌레 걱정 없이 오랫동안 신선하게 보관할 수 있게 되었어요. 크고 넉넉한 항아리는 겨우내 먹을 식량을 보관하는 데 큰 도움이 되었죠.

"왜, 이 항아리는 빤짝거려요?"

아리는 빤짝이는 항아리를 높이 들었어요.

"아, 이 항아리는 물이 새지 않게 잿물을 발랐단다."

"잿물을 바르고 높은 온도에 구우면 이처럼 빛이 나지"

고구려 사람들은 잿물을 구워 만든 유약 토기, 항아리를 이용해 오늘날 김치와 된장의 맨 처음의 발효식품을 만들어 보관했어요. 토기 옹기 안에서 적당한 공기가 돌게 하고 온도가 유지되어 음식물이 맛있는 발효 과정을 통해 맛을 만들었어요. 덕분에 추운 겨울에도 맛있는 음식을 먹을 수 있었답니다.

"아리야, 물 좀 길어 오렴."

물을 긷는 토기 항아리는 가볍고 튼튼해서 옮기고 나르는 것이 훨씬 쉬웠어요. 나무나 동물의 뼈, 돌그릇보다 가볍고 깨끗하게 씻고 말릴 수 있어서 질병을 예방하고 위생적인 식생활이 가능해졌어요.

생활의 편리함과 위생 개선

"따뜻한 국을 먹으니 좋아요."

토기가 다양화되면서 뜨거운 음식을 오랫동안 따뜻하게 보관할 수 있어 음식문화가 발달하게 되었고 불에 직접 올려놓고 음식을 끓일 수 있는 조리용 토기는 생활을 더욱 편리하게 만들었어요.

토기의 다양한 쓰임새와 예술적 가치

아리는 아이들의 반짝이는 눈빛을 보며 신이 나서 이야기했어요.

"토기는 아름다움이 담겨 있단다. 빗살무늬, 파도 무늬, 그리고 고구려 특유의 아름다운 무늬들을 새겼지. 이런 무늬는 고구려 사람들의 예술적 감각과 자연을 사랑하는 마음을 나타냈어. 토기 무늬는 장식이 아니라 토기의 표면을 더욱 단단하게 만들어 미끄럼을 방지하여 쓰기에 알맞게 되어 있단다."

너희 안에도 빛나는 꿈이 있어!

아리의 작은 호기심과 끈기, 그리고 뜨거운 열정이 고구려 사람들의 생활을 더욱 풍요롭게 만들었듯이, 고구려 토기는 단순히 흙으로 만든 그릇이 아니었어요. 그것은 생활의 지혜이자, 미래를 향한 꿈이었고 무엇보다 어려움을 이겨내는 고구려 사람들의 강인한 정신을 담고 있었답니다.

제6편

맛의 기적, 된장, 김치

고구려는 고조선의 뒤를 이어 한반도 북부와 만주 지역에 드넓은 영토를 개척하며 한국 역사의 중요한 기초를 다진 강력한 국가이었어요. 특히, 고구려는 뛰어난 기술력과 독창적인 문화를 꽃피웠는데 그중에 음식문화가 있었어요.

고구려는 방대한 영토에서 저절로 자라는 다양한 풀과 곡식을 활용하여 발효 음식 문화를 찬란하게 꽃피운 민족이에요. 그렇다면 고구려는 어떻게 발효 음식을 개발하게 되었을까요?

고구려는 북쪽으로는 만주 벌판, 남쪽으로는 한반도 북부에 이르는 넓은 영토를 차지하고 있었어요. 이 지역은 사계절이 뚜렷하고 특히 겨울이 길고 추워 식량을 준비하는 일이 중요한 문제이었어요.

혹독한 겨울과 아리의 고민

어느 해, 유난히 추운 긴 겨울이 고구려를 덮쳤어요. 눈은 허리까지 쌓였고 강물은 꽁꽁 얼어붙었어요. 마을의 식량 창고는 바닥을 보이기 시작했고 아이들의 얼굴에서는 웃음기마저 사라졌어요.

아리는 매일 밤, 잠 못 이루며 이 혹독한 겨울을 어떻게 견뎌야 할지 고민했어요.

"이대로는 안 돼. 무언가 방법을 찾아야 해."

아리는 자신에게 되물으며 긴 겨울이 지나고 봄이 오자 들판으로 나갔어요. 그녀의 눈에 들어온 것은 밭에서 수확했던 **콩**이었어요. 콩은 다른 곡물보다 저장하기 좋았지만, 겨우내 먹기에는 부족하였답니다.

아리는 콩을 좀 더 오래 그리고 맛있게 보관할 방법이 무엇일까? 밤 낮으로 생각했어요. 콩을 삶아서 말려도 보고 볶아보기도 했지만, 만족스러운 결과를 얻지 못했어요. 콩은 쉽게 무르고 썩기 쉬워 보관 방법이 어려웠어요.

수많은 실패 속에 된장의 발견

어느 날, 아리는 삶은 콩을 실수로 며칠 동안 깜빡 잊고 따뜻한 곳에 놓았어요. 며칠 뒤, 이상한 냄새가 코를 자극했어요. 콩에서는 쿰쿰한 냄새가 났어요. 순간 아리 머리를 스치는 느낌이 있었어요.

냄새가 나면 버렸을 테지만 아리는 호기심이 발동했어요. 조심스럽게 냄새를 맡고 맛을 보았어요.

"이게 뭐지? 썩은 것 같지는 않은데…."

아리는 쿰쿰한 냄새가 나는 콩을 자신이 직접 만든 토기 항아리에 넣고 소금을 뿌려 놨어요. 흙으로 빚은 토기는 외부 온도 변화에 강하고 공기가 통해 쉽게 상하지 않는다는 것을 알았기 때문이죠. 토기 항아리에 콩을 채우고 혹시나 하는 마음에 햇볕이 잘 드는 곳에 두었어요.

| 메주 |

그러나 아리가 원하는 것을 찾지 못했어요. 콩이 곰팡이로 뒤덮여서 심한 악취가 났어요. 아리는 수십 번의 실패를 거듭했어요.

"방법이 있을 거야!"

어떤 항아리에서는 콩이 썩어 버렸고 어떤 항아리에서는 너무 딱딱하게 굳어서 버렸어요. 마을 사람들은 밤낮으로 콩을 실험하는 아리의 행동을 이해하지 못했어요.

"아리야, 그만해. 헛수고잖아!" "멀쩡한 콩을 왜 버리는 거야?"

하지만 아리는 포기하지 않았어요. 아리는 매번 실패할 때마다 무엇이 문제였는지 곰곰이 생각하면서 다른 방법을 찾았어요.

어느 날, 소금의 양을 조절하고 항아리를 두는 장소를 바꾸어 놓고 기다렸어요.

가을바람이 솔솔 불어오면서 구수한 냄새가 아리를 이끌었어요. 수개월의 기다림 끝에 마침내 기적이 일어났어요.

한 항아리에서 구수하고 깊은 향이 피어오르기 시작한 것이에요. 아리는 설레는 마음으로 항아리 뚜껑을 열었어요. 갈색 빛을 띠는 꾸덕꾸덕한 덩어리가 보였어요.

조심스럽게 한 조각을 맛본 순간, 아리의 눈이 휘둥그레졌어요. 짠맛 뒤에 들어 있는 깊고 풍부한 감칠맛, 그리고 오랫동안 보관할 수 있을 것 같은 특유의 향미. 바로 된장의 발견이었어요.

콩이 미생물로 새로운 맛과 향을 만들고 오랫동안 상하지 않고 보관되는 발효 현상을 찾은 것이에요.

나물과 채소의 변신; 김치 발명

고구려의 넓은 땅에서는 다양한 풀과 채소가 자랐어요. 특히 가을에는 배추가 넓은 벌판에서 자랐어요. 하지만 기온이 떨어지면 하룻밤 사이에 시들어졌고 영하 날씨에는 얼어서 녹아 썩어 냄새가 진동했어요. 된장으로 콩을 장기 보관하는 방법을 알아낸 아리는 곧바로 다른 식량에도 관심이 생겼어요.

아리는 된장을 만들며 얻은 경험으로 이번에는 나물과 배추를 이용한 저장 음식을 만들고 싶어졌어요. 들판에서 나는 여러 종류의 나물과 갓 수확한 배추를 가져와 썰어보기도 하고 소금에 절여보기도 하며 방법을 찾았어요.

된장처럼 토기 항아리에 넣어 절여도 보았으나 번번이 실패했지요. 나물은 조금만 잘못해도 물러지거나 냄새가 역해져서 버려야 했어요. 더구나 배추는 쉽게 물러서 버려야 했지요.

아리는 나물과 배추를 절이는 과정에서 수많은 실패를 반복했어요. 어떤 나물이 절임에 알맞은지, 소금의 양은 얼마가 적당한지, 깊은 생각에 빠졌어요.

문제는 나물과 배추는 다른 것과 함께 절여야 하는 것이었어요.

| 절인배추 |

어떤 양념을 넣어야 맛이 더 좋아지는지 이것저것을 섞어서 만들어 봤어요. 어느 것은 너무 짜서 먹을 수 없었고 어느 것은 너무 싱거워서 쉽게 상해 버렸어요.

고추가 없던 시절, 아리는 산에서 나는 다양한 약초와 풀뿌리를 이용해 맛과 향을 만들려고 했어요.

마침내, 아리는 소금에 절인 배추에 마늘, 생강, 그리고 이름 모를 산야초를 섞어 토기 항아리에 넣고 땅에 묻어 보았어요. 서늘하고 일정한 온도를 유지하는 땅속은 발효에 적합한 환경이었어요.

또다시 긴 기다림이 필요했어요.

몇 주 후, 항아리를 꺼내 본 아리는 놀랐어요. 뻣뻣했던 배추는 부드러워졌고 시큼하면서도 향긋한 향이 코를 쏘았어요.

맛을 본 아리는 자신도 모르게 소리쳤어요.

"야호! 바로 이 맛이야!"

이렇게 고구려의 혹독한 겨울을 이겨낼 김치가 발명됐어요.

놀라운 변신의 맛 항아리

된장을 만들고 김치를 만든 것도 모두 항아리가 있기 때문이었어요. 신기한 항아리 소문은 고구려 전체로 퍼졌어요.

아이들은 항아리를 요술 단지라고 불렀어요.

항아리의 비밀을 알고 싶어졌지요. 아이들은 아리에게 항아리 비밀을 알려 달라고 했어요.

아리는 항아리의 마술 같은 비법을 알려 주었어요.

"흙으로 튼튼하고 큰 항아리를 만들었잖아? 이 항아리들이 우리 고구려의 음식 문화를 완전히 바꾼 비결이란다. 나무나 다른 그릇들은 음식을 오래 보관하기 힘들었어. 하지만 토기 항아리는 달랐지!"

"어떻게, 달랐어요?"

"토기 항아리는 숨을 쉬는 아주 작은 구멍들이 있어. 그래서 안에 있는 음식에 적당히 공기가 통하면서도 외부의 나쁜 기운은 막아 준단다. 신기하게도 항아리에 넣으면 곡식은 물론이고 맛있는 음식을 만들기에 최고란다."

"정말 신기해요! 김치도 처음엔 그냥 배추였는데 익으니까 새콤하면서 시원한 맛이 나요!"

"맞아! 배추나 무 같은 채소들을 소금에 절이면 숨이 죽으면서 채소 속의 나쁜 균들은 사라지고 좋은 균들이 살기 좋은 환경이 만들어져. 거기에 마늘, 생강 같은 양념들을 넣으면 이 재료들이 서로 만나 충분히 익으면서 정말 오묘하고 깊은 맛을 내는 김치가 되는 거야. 마치 여러 가지 악기가 아름다운 연주를 하듯이!"

유약 항아리

아리와 함께 맛있는 된장 만들기

그날부터 마을 사람들은 된장과 김치를 만들기 시작했어요.

"아리 언니, 된장은 어떻게 만들어요? 우리도 한번 만들어 보고 싶어요!"

"좋아! 된장이 만들어지는 과정을 상상해 보며 만들어 보자. 먼저 콩을 깨끗하게 씻어서 푹 삶아. 아주 부드러워질 때까지! 뜨거울 때 콩을 으깨서 동글동글 덩어리(메주)를 만들지. 이 메주를 따뜻한 곳에서 잘 말려. 햇볕을 쬐면 콩 속의 좋은 균들이 더 잘 자란단다."

아이들은 아리를 따라서 만들기 시작했어요.

"잘 마른 메주를 깨끗하게 씻은 토기 항아리에 넣고 짭짤한 소금물을 부어, 이때 물의 양이 아주 중요해. 너무 짜도 너무 싱거워도 맛있는 된장이 되기 어렵거든. 그리고 뚜껑을 덮고 햇볕이 잘 드는 곳에서 오랫동안 기다리는 거야."

아이들은 저마다 만든 항아리를 햇볕이 잘 드는 곳에 두었어요.

"이제부터 된장이 만들어질 때까지 기다리자"

계절이 바뀌고 시간이 흐르면서 항아리 속에서는 신기한 변화가 일어났어요. 콩 색깔도 점점 갈색으로 변했고 구수하고 깊은 된장 냄새가 솔솔 풍겨 나오기 시작했지요.

"기다리는 게 제일 힘든 것 같아요!"

"물론이야! 맛있는 된장이 되려면 오랜 시간 인내심이 필요해. 마치 씨앗이 땅속에서 오랜 시간을 기다려야 싹을 틔우는 것처럼 된장도 천천히 충분히 시간이 흐르면서 깊은 맛을 내는 거란다."

아리와 함께 맛있는 김치 만들기

된장을 만든 아이들은 김치 만들기에 도전했어요.

"김치는 어떻게 만들어요?"

"김치를 만들 때는 먼저 배추나 무를 깨끗하게 다듬어서 소금에 절여서 숨이 죽고 흐물흐물해질 때까지 기다려야 해. 그리고 맑은 물에 깨끗하게 헹궈서 물기를 빼 주지"

아리는 김치 만드는 방법을 차분히 아이들에게 가르쳐 주었어요.

"이제 김치의 맛을 내는 중요한 양념을 만들 차례야. 다진 마늘과 생강을 넣으면 향긋한 맛이 더해지지. 젓갈을 조금 넣으면 감칠맛이 살아난단다."

"아, 김치도 기다려야 하는구나!"

갓 만든 김치도 맛있지만, 며칠 동안 충분히 잘 익히면 배추와 양념이 어우러져 훨씬 더 깊고 풍부한 맛이 났어요. 특히 겨울에 땅속에 묻어둔 김장독에서 꺼내 먹는 김치 맛은 정말 최고였어요.

맛있는 김치는 양념을 절인 배추나 무에 골고루 버무려서 큰 토기 항아리에 차곡차곡 눌러 담고 뚜껑을 덮고 서늘한 곳에 두면 시간이 지나면서 김치 특유의 시원하고 매콤한 맛이 만들어지는 고구려의 음식으로 태어났어요.

농사 기술이 지금처럼 발달하지 않았던 당시에는 거두어들인 곡물과 채소를 오랫동안 보관하는 방법을 찾는 것이 살아가는 데 중요했어요.

고구려 사람들은 오랜 경험과 실패를 통해 자연 속에서 발효의 방법을 찾았어요. 곡물이나 채소를 특정 조건에 두었을 때 미생물로 인하

맛과 향이 변하고 더 중요한 것은 오랫동안 상하지 않고 보관된다는 사실을 알게 되었어요.

된장과 김치는 오랜 역사와 전통을 가진 한국 전통음식으로 세계 사람들의 건강 음식 K푸드로 인기를 얻고 있어요.

제7편

불굴의 강철 갑옷과 농기구

고구려는 기원전 37년, 고조선이 멸망한 후 그 뒤를 이어 한반도 북부와 만주 지역에서 세워진 나라에요. 주변에는 부여, 옥저, 동예 등 여러 부족 국가들이 있었고 서쪽으로는 한나라, 이후에는 위, 진 등 중국 국가들의 침략이 끊이지 않았어요. 이러한 나라들을 방어하기 위해 고구려는 강력한 군사력이 필요했어요.

한반도와 만주 지역에는 기원전부터 청동기 문화가 발달해 고구려 건국 초기에는 청동 무기를 사용했지요. 그러나 청동은 무기로서는 강도가 약했어요. 철은 청동보다 훨씬 단단하고 쉽게 구할 수 있고 열처리 기술을 통해 다양한 형태와 강한 무기나 농기구를 만들 수 있다는 것을 알고 개발했어요.

철기 기술을 통해 굳고 단단한 철갑 무기를 만들어 냈고 이를 바탕으로 막강한 군사력을 키워서 주변의 침략을 막아내고 광활한 영토를 다스리는 개마무사라는 훌륭한 군사들이 있었어요.

개마무사 덕분에 북방의 오랑캐들이 함부로 침략하지 못했어요.

한반도 북부와 만주 벌판에 걸쳐 드넓은 영토를 호령했던 고구려는 강력한 철기문화로 성장하고 발전한 나라에요.

고구려 변방의 작은 대장간에서 '무쇠'라 불리던 대장장이가 있었어요. 아리는 그를 찾아갔어요. 아리의 삼촌이었죠. 그의 꿈은 오직 하나 병사들이 적과 싸워 이길 수 있는 최고의 무기를 만드는 것이었죠.

고구려 철갑옷

"칼이 너무 약하네!"

"좀 더 강한 칼이 필요해!"

고구려의 철기문화가 꽃필 수 있었던 가장 중요한 동력은 바로 이름 없는 대장장이들의 피땀 어린 노력과 온갖 어려움에도 굽히지 않는 도전 정신이었죠.

아리는 대장간에서 땀을 흘리는 삼촌과 여러 이야기를 나누었어요.

삼촌은 중국의 철기 기술을 모방해서 고구려 사람에게 적합한 무기를 만들기 위해 끊임없이 새롭게 만들고 있었어요.

당시 고구려는 한나라의 뛰어난 철기 기술에 감탄하면서도 아직 그 수준에는 미치지 못했지요.

무쇠는 밤낮으로 쇠를 두드리고 불을 다루며 더 강하고 더 날카로운 칼을 만들기 위해 연구에 온 정신을 쏟았어요.

어느 날, 그는 한나라에서 전해 들은 '강철'이라는 새로운 철의 존재에 대해 알게 되었어요.

'철을 여러 번 접고 두드려 불순물을 빼내고 특정한 온도에서 담금질하면 강철이 된다.'는 이야기이었죠.

하지만 그 구체적인 방법은 아무도 알지 못했죠. 대장장이들이 여러 번 만들어 보았지만, 번번이 실패했어요. 쇠는 너무 무르거나 반대로 부서지기 쉬웠기 때문에 뜨거운 불 앞에서 실망했어요.

아리는 삼촌에게 도자기와 된장을 만들며 실패를 반복했던 이야기를 들려주었어요.

"아하! 도자기 가마에 불을 조절했던 방법을 나도 해봐야겠다."

무쇠는 망치가 너무 무거워 손목에 통증이 오고 화로의 불길에 얼굴이 그을리고 쇳조각이 살에 박히는 일도 견디어 냈어요.

무쇠는 포기하지 않았어요.

"어딘가에 비결이 있을 거야. 철도 생명과 같아서 다루는 법을 알아야 해."

무쇠는 매일 밤 화로의 불을 바라보며 쇠의 성질을 찾았어요.

쇠를 두드리는 속도와 리듬을 바꾸고 불의 온도를 미세하게 조절하며 쇠를 물에 담그는 시간을 조절했어요.

주변에서는 '미친 짓'이라며 비웃는 사람이 늘어났어요.

그러던 어느 추운 겨울밤, 무쇠는 마침내 그토록 찾아 헤매던 답을 찾았어요. 뜨거운 쇠가 얼음에 떨어진 것을 다시 집어 두드리면서 뭔가 다른 느낌을 느꼈지요.

쇠를 뜨겁게 달궜다가 차가운 물에 담금질하는 과정에서 빠르게 차가운 물에 넣었다가 서서히 식히면 철이 강해진다는 것을 알았어요.

불순물을 없애기 위해 쇠를 여러 번 접어 불순물을 태워 없애는 기술도 알았어요. 수많은 실패 끝에 단단하면서도 유연하고 날카로운 강철을 만드는 기술을 터득했어요.

무쇠의 강철은 널리 소문이 났고 고구려 병사들은 그의 칼을 들고 전장에 나가면 승리할 수 있다는 믿음을 가졌어요. 그의 기술은 곧 널리 퍼져 주변에 다른 대장장이들도 무쇠의 방법을 배워 더 좋은 무기를 만들게 되었지요.

이렇게 대장장이들의 끈기와 도전 정신이 모여 고구려는 중국의 철기 기술보다 뛰어난 고구려의 철기 기술 문화를 만들었어요.

어느 날, 전투에 나갔던 병사가 부상으로 마을로 돌아왔어요.

"강력한 무기만으로 싸우는 것은 무리가 있어요."

"무슨 말이죠?"

무쇠는 자신의 만든 강력한 무기로 싸웠지만 전투에서 패배한 이유를 들었어요. 당시 전투는 말을 타고 싸웠지요. 말이 쓰러지면 싸움에서 지는 것이었지요.

무쇠는 말에게도 철갑을 입히면 좋겠다고 생각했어요. 그는 주변에 대장장이들과 의논했어요. 각자의 생각으로 말에 철갑을 입히자 완전히 무장된 말과 병사의 개마무사가 탄생했어요.

고구려 19대 광개토대왕은 하늘이 내린 영웅이라는 칭찬을 받았어요. 북으로는 숙신, 남으로는 백제를 공격하여 고구려의 강토를 세 배로 넓혔죠. 바로 개마무사라는 용맹스러운 군사의 힘이었어요.

▌개마무사▐

북방의 거란족이 국경을 침범하자, 광개토대왕은 개마무사를 앞장세워 정예 기병 5,000명을 이끌고 직접 싸움터에 나갔어요.

전장의 안개 속, 흑풍이라 불린 장수 담가는 단 한 번의 공격으로 거란의 군대가 있는 본부를 무너뜨렸어요. 개마무사의 용맹은 드높았고 적들은 "검은 바람이 불면, 죽음이 온다."라며 공포에 떨었어요.

고구려의 개마무사는 말과 기병이 모두 철갑으로 무장한 기병으로 고구려의 군사력을 상징하는 아주 훌륭한 군사였어요. 이들은 전쟁터를 다스리는 튼튼한 요새와도 같았어요.

개마무사는 오늘날 전차 군단과 같았어요.

병사는 약 20kg의 철제 갑옷을 입었고, 말은 약 40kg의 말 갑옷으로 무장해 총 70kg 이상의 중장비를 착용했어요.

말의 머리는 철제 투구로 보호했고 눈과 귀 부분은 장식과 기능이 있었어요. 말의 몸통과 다리는 갑옷으로 덮어서 살아남게 하여 전투 능력을 더 강하고 튼튼하게 했어요.

말의 귀막이에는 꽃잎 모양 장식과 깃털이 달려 위엄과 아름다운 감각을 동시에 보여줬어요.

개마무사는 전투의 최전선에서 적진을 돌파하는 돌격대로 활약했어요. 철갑으로 무장한 병사와 말의 위엄찬 모습은 적들에게 큰 공포감을 주었어요.

그런데 개마무사에는 문제가 있었어요. 방어력은 뛰어났지만, 속도가 느려서 추격전에는 경기병과 함께 싸웠어요.

개마무사는 고구려의 기술력과 전략, 그리고 철기문화의 가장 중요한 부분이에요. 마치 고대의 전차처럼 그들은 고구려의 영광을 이끈 철의 군사들이었어요.

고구려의 철기문화는 전쟁 도구의 발달에 그치지 않고 식량을 많이 생산하게 하고 백성의 생활을 풍요롭게 만들었던 힘이었어요.

무쇠와 같은 대장장이들의 뛰어난 기술은 농사짓는데, 큰 도움을 주었어요. 고조선 시대부터 사용되던 낫과 호미는 농부들에게 필요한 도구였지만 돌이나 청동으로 만들어져 쉽게 닳아서 없어지거나 부러지는 단점이 있었어요.

낫 출토

"튼튼한 낫과 호미를 만들어 주세요."

아리는 농부들이 사용하는 호미는 단단한 땅을 파거나 뿌리 깊은 잡초를 뽑기 어렵고 낫은 자주 이가 빠져 어려움을 겪고 있다고 했어요.

"돌멩이가 많은 땅을 파려면 종일 허리가 끊어질 지경이니 호미 날을 좀 더 단단하고 날카롭게 만들어 주세요."

이때 옆에 있던 농부가 말을 했어요.

"낫은 곡식을 몇 번 베면 금세 무뎌져서 수확이 더뎌요."

아리와 농부의 목소리가 무쇠의 가슴을 울렸어요. 그는 무기를 잘 만드는 대장장이가 아니라 백성들의 생활을 이롭게 하는 기술을 만들고 싶어졌어요.

무쇠는 강철로 낫과 호미를 만들었어요.

낫과 호미의 날 부분에 강철을 덧대어 강도를 높이고 더욱 날카롭게 만들었죠. 낫은 곡식의 줄기를 쉽게 자를 수 있도록 곡선의 각도를 생각하면서 오래도록 무뎌지지 않도록 뜨거운 열을 이용한 기술로 튼튼하게 만들었어요.

처음에는 농부들은 잘 믿지 않았어요.

"이 쇠붙이가 얼마나 버티겠나?"

하지만 밭에서 직접 사용해 보니 그 효과는 놀라웠어요. 철제 호미는 단단한 땅도 쉽게 파헤쳤고 뿌리 깊은 잡초도 단번에 뽑혔어요. 철제 낫은 수확 속도를 두 배 이상 빠르게 만들었고 자주 날을 갈지 않아도 오랫동안 사용할 수 있었어요.

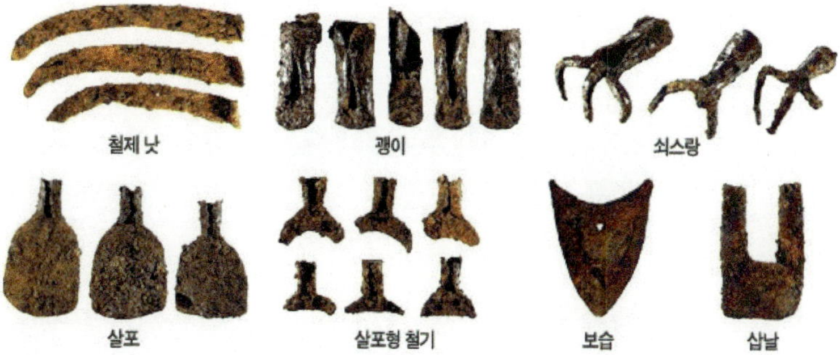

이처럼 고구려의 대장장이들은 농부들의 마음을 이해하고 그들의 이야기를 들으며 계속해서 더 좋은 농기구를 만들었어요.

무쇠와 대장장이들이 만든 철기 농기구는 많은 양으로 만들어져 고구려 농작물의 생산량을 크게 높였어요. 대장장이들의 인내심과 개발 도전 정신은 낫과 호미와 같은 작은 농기구 하나하나에 스며들어 고구려 백성들의 삶을 풍요롭게 만들고 국가를 더욱 튼튼하게 만드는 역할을 했답니다.

제8편

섞어 비벼 먹는 비빔밥의 맛

고구려 시대(기원전 1세기~7세기) 벽화에는 사람들끼리 음식을 나누고 함께 즐기는 모습이 등장하며 무덤 벽화에선 잔치 · 음식 · 제사 의식 풍경이 생생하게 그려져 있어요.

각저총 · 무용총 등의 벽화에는 상에 음식을 차려서 주인과 종들이 함께 식사하며 음식을 담아 나르는 장면도 있어요. 이는 당시 '밥과 여러 반찬을 한 그릇에 섞어 비벼 먹는 음식문화가 있었다는 것이에요.

고구려는 사계절이 뚜렷하고 겨울이 길고 추운 땅이었어요. 여름과 가을에 아무리 열심히 농사를 지어 곡식과 채소를 거두어도 겨울이 되면 신선한 음식 재료를 구하기가 정말 어려웠어요.

아리는 귀한 음식들을 오랫동안 상하지 않게 보관할 방법을 찾았어요. 바로 '발효'라는 방법이었죠.

고구려 사람들의 발효 음식은 음식문화를 발달시켰어요.

아리는 콩을 삶아 으깨고 뭉쳐서 사각 모양으로 메주를 만들고 따뜻한 곳에 매달아 잘 띄운 다음 발효시켜 된장을 만들었죠.

된장은 겨울철 부족하기 쉬운 영양분을 채워주는 든든한 식량이 되어 주었어요.

구수한 된장은 콩으로 만들었어요. 고구려 사람들은 콩을 많이 재배하여 중요한 단백질을 얻어 건강했어요.

된장은 국을 끓이거나 나물을 무칠 때 넣어 음식 맛을 한층 더 맛있게 만들어 주었지요.

아리는 넓은 벌판에서 자라는 배추로 겨우내 먹을 수 있는 김치도 만들었어요. 시원하고 아삭한 김치는 고구려 사람들의 겨울 식탁을 풍요롭게 만들어 주는 음식이었지요.

가을에 수확한 배추나 무 같은 채소에 소금으로 절여 양념을 버무린 다음 큰 항아리에 담아 땅속에 묻어 보관했어요.

땅속은 온도가 일정하게 유지되어 겨울에도 김치가 얼지 않고 오랫동안 신선하게 보관되었죠. 덕분에 고구려 사람들은 추운 겨울에도 영양이 풍부한 채소를 먹고 건강을 지킬 수 있었어요.

특히 발효된 김치는 상하지 않고 오래 보관할 수 있어 먼 길을 떠나는 병사들에게도 중요한 전투 식량이었지요.

이처럼 된장과 김치는 혹독한 겨울을 이겨내고 고구려 사람들의 건강과 생명을 지켜주는 발명품이자 생활의 지혜였어요.

농사가 바쁜 어느 날, 아리가 밭에 나갔어요.

뻘뻘 땀을 흘리며 일을 하다 보니 배가 고파졌어요. 가져온 음식을 먹으며 생각했어요. 새벽부터 나오다 보니 준비한 음식이 간단했어요. 서로가 떨어져서 각자의 음식을 먹는 모습을 보다가 문뜩 생각이 났어요.

"그래, 바로 그거야!"

서로 가져온 음식을 함께 먹으면 좋겠다고 생각했어요.

농사철에 도시락처럼 들고 나갈 수 있는 간편한 음식이 필요했던 농부들이 각자의 음식을 모아 그릇에 섞어 먹었던 것이 비빔밥의 시작이었어요.

여러 가지 음식 재료를 섞어서 새로운 맛을 만들었지요. 마치 여러 가지를 준비해 온 것처럼 마을 사람들은 어울려서 비빔밥을 먹으며 이야기도 나누었어요.

된장국과 김치, 비빔밥은 고구려 사람들의 전통음식이 되었어요. 비빔밥의 소문은 왕실에도 알려졌어요. 백성들이 어울려서 맛있게 먹는 풍습은 궁중에서도 간단한 음식이나 간식으로 '비빔밥'을 먹게 되었지요.

고구려의 드넓은 평야와 기름진 토지에서는 다양한 곡식들이 자랐어요. 벼, 보리, 기장, 조 등 여러 종류의 곡식은 고구려 사람의 식탁을 풍성하게 만들어 주었어요.

산과 들에서는 계절마다 다양한 나물과 약초가 사방에서 돋아났어요. 고구려 사람들은 이러한 자연의 선물을 귀하게 여겨 자주 먹었어요.

"약초를 넣으니 더욱 맛이 있네."

비빔밥은 계절마다 나오는 다양한 곡식과 나물, 약초를 넣어서 새로운 비빔밥을 만들었어요.

| 비빔밥 |

봄에는 부드러운 햇나물을 뜯어 무치고 여름에는 싱싱한 채소로 시원한 된장국도 끓였어요.

가을에는 풍성한 곡식을 거두어들이고 겨울에는 저장해 둔 발효 음식과 말린 채소로 맛있는 밥상을 차렸어요.

계절마다 다른 재료들을 잘 이용하여 고구려의 음식 문화는 다양한 비빔밥 문화를 만들었어요.

이처럼 여러 가지를 섞어서 비빔밥을 만들어 먹었던 습관이 다양한 생각을 만드는 민족을 만들었지요. 서로 다른 생각이 무엇이 어떻게, 다른가? 서로의 생각을 존중하며 살아가는 지혜가 되었어요.

고조선에서 이어진 고구려의 생활 습관과 풍습은 한국인의 새로운 생각을 키워 오늘날 세계 선구적인 과학기술을 만들어 내는 비결이 되었지요.

비빔밥은 고구려의 생활과 지혜가 고스란히 담긴 음식이었어요.

전쟁이 잦았고 넓은 영토를 오가며 이동하는 일이 많았던 고구려 사회에서 비빔밥은 간편하면서도 영양을 골고루 먹을 수 있는 훌륭한 식사이었죠.

갓 지은 따뜻한 밥에다 지역에서 그때그때 구할 수 있는 다양한 나물, 고기, 그리고 무엇보다 고구려의 자랑인 된장과 김치를 곁들여 비벼 먹는 비빔밥은 맛과 영양을 먹을 수 있는 음식이었지요.

고구려 백성들은 함께 먹는 비빔밥에 담긴 맛과 함께 사는 생활을 빠르게 받아들였어요. 서로 다른 것을 조화시키는 힘이 됐지요.

더 나아가, 비빔밥은 고구려 사람들의 새로운 생각을 자연스럽게 길러주는 문화로 자리 잡았어요.

정해진 재료만 쓰는 것이 아니라 있는 재료들을 조합하여 새로운 맛을 창조해 내는 요리 마술사 같았어요.

밭에서 나는 채소, 산에서 뜯은 나물, 혹은 강에서 잡은 물고기 등 다양한 먹을거리를 자유롭게 섞고 어울리게 만드는 과정이 새로운 생각을 키우는 식생활 문화이었어요.

"이번에는 이것을 넣고 비벼볼까?"

"와우, 완전히 새로운 맛이네!"

어떤 재료를 넣으면 더 맛있는지, 어떻게 알맞게 섞어야 영양에 좋은지, 어떤 양념을 더 넣어야 음식의 맛이 살아나는지 끊임없이 생각하며 만들면서 각자의 독창적인 비빔밥을 만들었어요.

이런 생활 풍습이 고정된 생각에 얽매이지 않고 주어진 환경 속에서 최상의 해결책을 찾으려는 고구려 사람들의 사고로 우리 민족의 창의성을 키웠어요.

비빔밥의 식생활은 맛의 시각, 후각, 촉각 등 모든 감각을 자극했어요. 여러 색 · 재료 · 식감이 하나의 그릇에 잘 어우러지는 비빔밥에서 우리의 뇌도 활발하게 발달 되었지요.

비빔밥의 맛, 향, 식감 같은 감각적 자극이 각자의 새로운 생각을 키우고 긍정적 생각에 영향을 줘요. 단맛 · 신맛이 있는 음식과 감각의 맛이 우리 뇌 기능에 활력을 준다고 해요.

비빔밥처럼 다양한 재료를 통합하고 조절하는 식습관에서 서로 다른 것을 결합하여 새로운 것을 만드는 생각과 방법을 통해 우리의 창의성이 발달해 왔어요.

비빔밥처럼 여러 가지 색채나 여러 종류의 재료를 섞어 먹는 행동이 새로운 생각을 키우고 어떤 재료를 어떻게 비빌 것인가를 생각하는 아이디어를 발달시켜요.

새로운 생각이 비빔밥 문화의 생활로 더욱 발달했어요. 된장으로 다양한 음식을 만들고 김치로 여러 가지 음식을 만드는 새로운 발견이 한국의 음식문화에서 발전하고 있는 것이에요.

된장과 김치가 시간을 두고 발효가 되어 새로운 맛을 만들듯이 새로운 생각은 순간에 만들어지는 것보다 시간을 두고 새롭게 만들어 내는 인내력 기다림에서 나와요.

비빔밥은 서로 다른 생각을 서로 잘 어울리게 만드는 방법이에요. 한 가지 재료만의 맛이 아니라 여러 가지가 어울려서 하나의 맛을 만드는 새로운 생각을 만드는 창의성이에요.

비빔밥은 지역의 재료에 따라 다른 이름이 있어요.

전주비빔밥, 제주 비빔밥, 평양 비빔밥, 통영 해물 비빔밥, 함평 육회비빔밥, 산채비빔밥, 곤두레비빔밥, 회덮비빔밥, 약초비빔밥 등 수많은 종류가 있고 오늘날에는 비건 비빔밥, 퓨전비빔밥 등으로 여러 가지로 만들어지고 있어요.

고구려의 비빔밥 문화는 계속 발달하여 조선 시대에는 궁중에서 골동반을 만들었어요. 궁중요리를 하다 보면 많은 재료가 남았는데 이를 잘 이용해서 골동반이라는 비빔밥을 만들어 먹었어요.

골동반은 남은 재료를 충분히 잘 이용해 만든 절약형 요리로 고명 하나하나에 간을 해서 새롭게 만든 비빔 음식이에요. 골동이라는 뜻은 여러 가지를 뒤섞는다는 뜻이고 반은 밥을 뜻하는 말이에요.

김치, 된장, 비빔밥

어느 날 수라간 김 상궁은 주방 상궁과 남은 반찬에 대해 생각을 나누었어요. 임금님 음식을 만드는 수라간의 상궁과 주방을 맡은 주방 상궁은 항상 맛있고 건강한 음식을 만들기 위해 서로 생각을 나누는 사이이었어요.

"김 상궁님, 남은 재료들을 어떻게 할까요?

"남은 재료로 비빔밥을 만들어 봐요."

임금님과 왕비가 음식을 먹기 전에 항상 독이 있는지를 검사하는 기미 상궁이 주방 상궁이 만든 새로운 음식을 보았어요.

"이게 무슨 음식인가요? 너무 맛이 있네요."

주방 상궁이 웃으며 답했어요.

"음식을 만들고 남은 재료로 만든 비빔밥입니다."

기미 상궁은 비빔밥을 먹어 보고 매일 같은 간식을 대신해서 임금님께 올렸어요.

"아니, 수라 상궁? 이건 못 보던 음식인데 너무 맛이 있네."

임금님은 한 그릇에 골고루 들어있는 비빔밥을 좋아했어요. 비빔밥은 매일 다른 재료로 다른 비빔밥을 만들 수 있어서 임금님도 좋아했어요.

임금님 음식을 만들기 위해 많은 재료를 준비하면서 남았던 재료들을 어떻게 할까? 수라간의 고민을 비빔밥으로 모두 해결했어요.

비빔밥을 만들면서 수라간에서 버리는 음식이 엄청나게 줄었어요. 재료가 남으면 어떻게 하지? 하는 고민거리도 사라졌어요. 오히려 재료가 남으면 비빔밥을 만들 수 있어서 걱정하지 않고 여러 가지 음식을 만들 수 있었어요.

골동반은 '부븸밥'이라 부르기도 했어요. 다양한 나물과 고기, 생선, 다시마 부각 등을 넣고 깨소금과 참기름으로 비벼 먹는 요리 방법으로 고구려의 비빔밥이 오늘날에는 다양한 비빔밥으로 유래된 비결이에요.

오늘날 우리나라가 새로운 것을 융합하는 능력이 뛰어난 비결은 고구려 시대 비빔밥 문화에서 이어 온 섞고, 비비고, 끓이는 음식 문화에서 나온 새로운 생각이에요.

요리할 때 다양한 재료를 남김없이 섞고 비벼서 비빔밥을 만든 생활이 한국인이 생각하는 방법으로 몸속에 깊이 자리 잡고 있어요.

비빔밥은 한국인의 새로운 생각을 만드는 창의성과 서로 합하여 만드는 융합의 생각을 만들어 주었어요.

제9편

방패연의 과학 비밀

옛날 옛적, 한반도에는 매서운 바람이 자주 불어왔어요. 한반도는 삼면이 바다를 끼고 있고 북쪽은 드넓은 벌판이었기 때문에 강한 바람이 자주 불어왔어요. 사람들은 바람이 두려웠지만 일부 사람들은 바람을 이용하는 생각을 했어요.

8,000만 년 전부터 인류는 하늘을 날아가는 연을 만들어 날렸어요. 연에 자신의 꿈과 소망을 담아 날렸어요.

고조선부터 이어져 온 연 문화는 하늘에 띄우는 놀이를 넘어 우리 민족의 꿈과 소망을 담는 그릇이었고 과학적 지혜가 담긴 상징이었어요.

방패연은 꿈과 희망을 담아 날렸지만, 새로운 소통과 통신 수단으로 사용하기도 했어요. 다양한 연의 모양으로 소식을 알렸고 다양한 연의 움직임으로 위급함을 알리는 수단이기도 했어요.

세계에서 유일하게 꼬리 없는 방패연은 선조들이 과학적으로 만들었어요. 연 꼬리는 연을 안정적으로 날리지만, 우리 선조들은 꼬리 없이 자유롭게 날아가는 방패연을 만들었어요.

방패연은 한국인의 과학적 능력을 나타내는 역사에요.

방패연은 세계 유일의 과학적인 연으로 그 구조와 뛰어난 선조들의 창작성과 비행기술의 놀라운 손기술이었지요. 연을 날리는 날이면 연끼리 경쟁하는 '칼 치기' 기술이 있었어요.

방패연

어느 날, 아리는 강가에서 나뭇잎이 바람에 휘날리는 모습을 보며 문득 생각이 났어요.

"저 나뭇잎처럼 바람을 타고 날아오를 수 있다면 더 높이 더 멀리 날릴 수 있을 거야, 그렇다면 얼마나 좋을까?"

아리는 며칠 밤낮을 고민하며 나뭇잎처럼 여러 가지 모양의 연을 만들어 보았어요. 이것저것을 붙여도 보고 매달아 날려 보았지요.

하지만 연은 바람에 이리저리 흔들리다 땅으로 곤두박질쳤어요.

그러던 중, 아리는 바람에 흔들리는 방패를 보았어요. 튼튼한 나무와 가죽으로 만들어진 방패는 바람에 쓰러지지 않았어요.

"바람을 막는 동시에 바람을 이용할 수는 없을까?"

아리는 방패의 모양을 본떠 사각형의 틀을 만들고 그 위에 얇은 가죽을 붙였어요.

연은 조금 올라가는듯하더니 이내 곤두박질쳐 떨어졌어요.

"어떻게 하면 공중으로 날리지?"

수십 번을 이리저리 당겨 봐도 연은 날아오르지 않았지요.

그러던 중에 넓은 가랑잎이 하늘로 솟구치는 모양을 보았어요.

한가운데 구멍이 뚫어져 빙글빙글 돌면서 날아가는 모습이었지요.

"그렇지, 구멍을 뚫어 보자!"

아리는 연 가운데에 둥근 구멍을 뚫었어요. 이 구멍은 바람을 통과시켜 연이 안정적으로 떠오르게 했어요.

아리는 조심스럽게 자신이 만든 연을 하늘로 날렸어요. 처음에는 불안하게 흔들렸지만, 연이 어느 정도 높이 올라가자 놀랍게도 안정적으로 하늘에 떠 있었어요.

방패연은 공중에 어느 정도 올리면 안정적으로 이리저리 움직였지요. 연 끈을 조정하면 자유롭게 움직이는 연이 신기했어요.

바람이 구멍을 통과하면서 연 전체로 고르게 퍼져서 연을 안정시켜 주었어요. 덕분에 연은 마치 새처럼 부드럽게 이리저리 날아 올라갔어요. 끈을 잡아당기며 연을 자유롭게 조정할 수 있었어요.

"와우!"

사람들은 이 모습을 보고 손뼉을 치며 탄성을 질렀어요.

아리가 만든 이 사각형 연이 '방패연'의 시초가 되었답니다.

마치 새가 하늘을 자유롭게 날아가듯이 방패연은 이리저리 위아래로 솟구치듯이 빠른 속도로 날아갔어요. 우리 선조들의 자유로운 생각을 행동으로 나타내는 방패연은 우리의 꿈이고 희망이에요.

"어떻게 하면 빠르게 움직일까?"

방패연의 조절 기술은 줄을 풀었다가 당기며 좌우로 끌어당기거나 위아래로 당기고 풀어주는 손기술이었어요.

줄을 당기면 갑자기 상승하고 풀어주면 땅으로 곤두박질하는 방패연은 마치 전투기가 전속력으로 올라가고 내려오는 것과 같아요. 전투조종사가 페달과 조정기를 조절하듯이 방패연 줄을 조정하는 기술은 비슷해요.

방패연을 조정하는 손기술은 손 감각에 달려 있어요. 바람의 세기에 따라 손힘으로 조절해요.

"당겨, 당겨!"

소리치는 아이들의 함성은 구경하는 사람들이 외치는 소리였어요. 방패연의 움직임에 따라 사람들의 몸도 좌우로 움직였어요.

"잘라, 잘라!"

방패연끼리 마주치며 다가오는 상대 연을 끊어 내라고 소리치는 아이들도 있었어요. 연줄이 엉키어 두 개 연이 함께 떨어지기도 하고 상대 연줄을 당겨서 연을 떨어뜨리기도 하지만 연줄에 유릿가루를 붙여서 상대 연줄을 잘라내는 게임도 즐겼어요.

얼레

상대 연을 끊는 칼 치기 기술은 오늘날 전투기 조종 기술 같은 놀라운 순발력의 기술이었어요. 방패연은 위에서 아래로 아래에서 위로 순간적으로 이동하는 기술로 연치기 경기를 했지요. 마치 전투기가 상대 꼬리를 잡으면 승리하는 것처럼, 멋진 곡예를 보여주는 경기이었어요.

누가, 누가 멀리 날리지?

서로 연을 날리며 하늘 위로 솟구치며 경쟁했지요. 바람을 가르는 방패연의 묘기는 사람들을 흥분시키고 열광하게 했어요.

호기심 많은 아리는 바람의 움직임에 관심이 많았어요. 밤하늘을 수놓는 별들처럼 하늘을 자유롭게 날아다니는 꿈을 꾸었지요.

"씽 잉-- "

바람을 가르며 날아가는 방패연은 강한 소리가 났어요.

방패연의 과학적 기능

"연이 보이지 않아요!"

방패연은 꼬리가 없어 멀리 올라가면 보이지 않을 정도로 높이 올라갔어요. 이렇게 높이 올라갔던 연이 어느 사이에 땅에 떨어질 듯이 아래로 내리꽂히는 것을 보며 모두가 감탄했어요.

"연이 곤두박질쳐요!"

땅에 떨어질 것 같은 연은 다시 하늘로 솟구쳐 올라갔어요.

방패연의 방구멍은 오늘날 항공기 날개의 슬랫처럼 어떠한 기류에서도 안정적으로 위치를 유지 시켰어요.

마치 전투기처럼 날개 형상, 덮개, 슬랫 등을 통해 공기 흐름을 알맞게 조절하여 속도와 높이를 안정하게 조정하는 비행 기술이었어요.

세계 유일의 과학적인 방패연은 뛰어난 기능이 있었어요.

방패연은 꼬리날개가 없음에도 불구하고 방구멍과 연줄을 조작하여 안정되고 빠르게 움직일 수 있어요.

오늘날 전투기가 기묘한 공중 기술로 묘기를 부리는 것과 같아요. 안정되고 빠른 속도의 전투기 같아요.

방패연의 연줄 조작과 중앙에 뚫린 방구멍을 통해 비행 시에 생기는 힘을 잘 조절하여 비행자세를 유지하고 방향을 바꿀 수 있어요.

방구멍은 공기 흐름을 조절하여 안정적인 자세 유지와 빠르고 날쌔게 움직이게 만들어요. 오늘날 전투기 날개와 수평 꼬리날개, 수직 꼬리날개의 덮개, 에일러론, 키 등을 조작하여 비행기를 날 수 있게 하는 힘을 이용하는 것과 같아요.

방패연의 칼 치기 기술

5세기 중반으로 추정되는 장천 1호 벽화고분에 새 모양의 연을 날리는 것으로 보이는 그림을 보면 방패연은 연과 줄, 줄을 감는 얼레, 3가지로 만들었어요.

방패연은 사각형 가운데 구멍을 뚫었고 줄은 단단한 실을 사용했고 얼레는 나무로 만들었지요. 얼레를 만들려면 시간이 걸렸고 기술도 필요했어요.

실을 단단하게 만들기 위해 아교풀이나 쇳가루, 유릿가루 등으로 단단하고 강한 줄을 만들었어요.

얼레는 몸통과 손잡이로 구분되어 부드럽게 빨리 돌아가게 만드는 것이 기술이었어요.

이렇게 만들어진 연과 실, 얼레가 칼 치기로 이길 수 있는 방법이었지요. 바람이 잘 부는 언덕에서 아이들은 방패연 날리기를 하면서 서로가 만든 방패연과 기술을 자랑했지요.

칼 치기 기술은 방패연을 자유롭게 움직이며 빠르게 얼레를 움직이는 기술에 달려 있었어요. 상대 연줄을 끊어 내는 기술은 정확하게 바람을 이용하여 방패연을 조정하는 기술이 필요했어요.

방패연은 새해를 맞이하는 놀이로 언제든지 아이들이 함께 어울려 서로의 기술을 경쟁하며 즐기던 전통 문화이었어요.

혼자 날리는 방패연보다 여러 명이 서로의 연을 날리며 바람을 이용하는 방법과 연을 조정하는 기술을 통해서 함께 어울리는 전통 놀이였어요.

바람이 강할 때는 친구들과 함께 힘을 합쳐 연줄을 당기면서 서로 협력하는 방법도 배웠어요.

누가 멀리 날리나? 누가 빨리 이리저리 움직이나? 누가 더 빠르게 날리나? 서로 경쟁하며 어울렸던 놀이이었어요.

방패연은 소식을 전달하는 방법이기도 했어요.

신라 선덕여왕 때, 김유신 장군이 백제군과의 전투에서 연에 불을 달아 하늘에 띄워 병사들의 사기를 떨어뜨리는 방법으로 사용하기도 했어요. 적의 정보를 연으로 알려 주기도 했지요.

고려 시대에는 연을 이용한 통신에 대한 기록도 있어요. 특히 전쟁에서 군사 작전이나 병력의 이동 등을 지시하는 방법으로 연을 사용하기도 했지요.

임진왜란 때, 이순신 장군은 방패연에 다양한 문양이나 색깔을 그려 넣어 함대에 작전 명령이나 적의 움직임과 같은 중요한 정보를 전달했어요.

예를 들어, 특정 모양의 연을 띄우거나 여러 개의 연을 동시에 띄워 특정 신호를 보내는 방식이었지요. 연은 먼 거리에서도 잘 보이고 다른 통신 수단이 없었던 시기에 바다 위에서 연은 가장 잘 보이는 명령 방법이었어요.

"저 먼 섬사람들에게 어떻게 소식을 전할까?

봉화대보다 빠르게 전달하는 방법이 연이었어요.

"빨간색에 동그라미 그림 연을 올려"

빨간색은 위급함을 알리는 표시이었고 동그라미는 구원하러 간다는 표시이었지요.

멀리 떨어진 마을이나 섬 등으로 빠른 소식을 연으로 전달했어요. 바람을 이용해 멀리 소식을 알리는 방법이었지요.

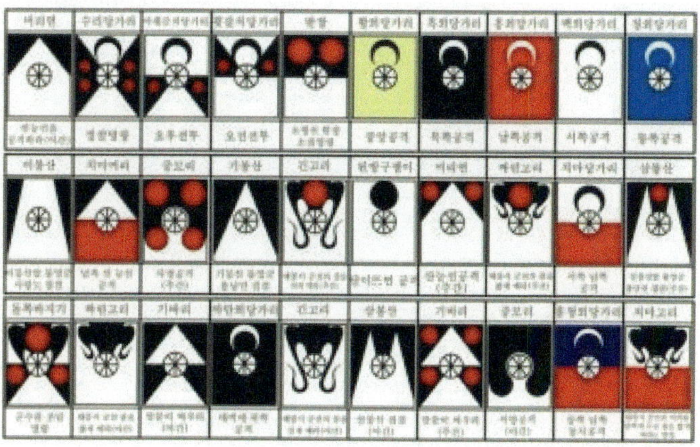

이순신 방패연 종류

이처럼 다양한 표시와 연의 동작으로 소식을 알리려면 연을 잘 날리는 기술이 필요했어요. 방패연은 아이들의 단순한 놀이뿐만 아니라 훈련된 연을 날리는 사람들의 꿈과 희망, 정보를 나누었던 선조들의 지혜이고 우리들의 귀중한 유산이에요.

우리나라가 인터넷 발달 속도가 가장 빠른 이유가 방패연의 역사부터 유래되었던 것이죠.

제10편

세계최초 외과도구

드넓은 대륙을 호령하며 수많은 전투를 치렀던 고구려, 강한 국력을 유지하기 위해 중요했던 것은 병사들의 건강이었어요. 수많은 전투를 하면서 부상자와 급한 수술 환자들도 늘어났어요.

고조선 시대부터 이어져 온 의술의 발달은 고구려 시대에 반복되는 전투를 하면서 외과 수술 기술도 발달하게 되었지요.

고구려 벽화에 그려진 그림에서 다양한 도구는 오늘날 의과 기구와 비슷하지요. 고구려는 끊임없이 의술을 발전시켜 나갔어요. 의술은 병을 치료하는 것을 넘어 백성들의 생활과 건강관리도 중요했어요.

고구려 벽화

전쟁터의 상처를 치유하며 발달한 외과 기술

고구려는 북방 민족과 끊임없는 전쟁 속에서 외과 기술이 특히 발전했어요. 고구려 벽화에서 볼 수 있듯이 날카로운 칼과 다양한 도구들이 개발되었고 이를 이용한 기술 또한 상당한 수준이었지요.

부상한 병사들의 생명을 구하고 전투력을 회복시키는데 이러한 외과 기술은 중요했어요. 상처를 꿰매고 침술・뜸・찜질・약초 등 물리적 치료와 함께 외상 치료, 골절 치료나 종양 제거 등 복잡한 수술 기술까지 발달했어요.

고구려 시대 의술은 신라, 백제 등의 삼국시대 칼, 침, 뜸, 약초 찜질 도구 등 기본적인 외과 도구 개발과 외과 기술이 발달하는 데 큰 영향을 주었어요. 삼국시대 철기와 금속 가공 기술은 간단한 절개용 칼, 집게, 바늘 등의 외과 도구 발달에 도움을 주었어요.

고구려 병사들의 피땀 눈물 그리고 희망의 수술칼

드넓은 만주 벌판에 싸늘한 바람이 휘몰아치던 겨울밤, 고구려의 작은 마을은 한숨으로 가득 찼어요. 고구려와 숙신족 간의 치열한 전투가 끝난 지 며칠이 지났지만, 아직 돌아오지 못한 병사들을 기다리는 가족들의 눈에는 불안감이 가득 찼지요.

그때였어요, 멀리서 터벅터벅 걸어오는 그림자들. 그들은 바로 피투성이가 된 채 간신히 돌아온 고구려의 용사들이었어요. 마을 입구에서 그들을 맞이한 이는 다름 아닌 마을의 유일한 의원, 아리의 삼촌이었어요.

아리는 병사들에게 비빔밥을 만들어 주려고 전쟁터로 달려가 삼촌을 만났어요. 삼촌은 마을에서 유명했던 의사이었죠. 한의사로서 다양한 약초를 알려 준 것도 삼촌이었어요.

아리는 병사들에게 비빔밥을 약초 잎에 넣어 음식이 상하지 않게 만들어 나눠주는 일을 맡아서 병사들의 식사를 담당하는 일을 했어요.

아리는 가녀린 체구였지만 강인한 눈빛을 지닌 여인이었어요. 고조선 시대부터 이어져 온 의술의 지혜를 이어받은 삼촌은 어려서부터 약초의 효능을 꿰뚫었고 인간의 몸을 신비로운 우주로 이해했어요. 아리는 삼촌을 따라 전투가 시작되기 전부터 마을 어르신들과 함께 약초를 캐고 붕대를 삶고 수술 도구를 소독하며 삼촌의 치료를 도왔어요.

"의원님! 의원님!"

가장 먼저 도착한 병사는 팔에 깊은 상처를 입고 고통스러워했어요. 그의 팔뚝은 숙신족의 날카로운 도끼에 베여 살점이 너덜거렸고 피는 이미 응고되어 검붉게 변해 있었지요.

아리는 침착하게 병사를 가장 깨끗한 천막으로 이끌었어요. 그녀의 손길은 부드러웠지만 눈빛은 날카로웠어요.

"병사님, 잠시만 고통을 참으세요. 제가 반드시 팔을 낫게 해드릴 테니."

아리는 미리 준비해 둔 뜨거운 물에 소독된 천을 적셔 상처 부위를 조심스럽게 닦아 냈어요.

아리는 상처 주변을 살피며 깊이를 관찰했어요.

"뼈에는 닿지 않았으니 다행이네요."

그녀는 중얼거리며 무엇인가 꺼냈어요.

고구려의 장인들이 만든 외과 수술 도구였어요.

날카로운 수술칼, 정교한 핀셋, 그리고 가는 실과 반짝이는 바늘을 들자. 병사는 놀라움과 두려움이 뒤섞인 눈빛으로 그 도구들을 바라봤어요. 외과 수술은 극한의 고통을 동반하는 위험한 기술이었기 때문이지요.

아리는 먼저 마취 효과가 있는 약초를 곱게 빻아 상처 주변에 발랐어요. 그리고 너덜거리는 살점을 잘라냈어요. 날카로운 칼로 살을 가를 때마다 병사는 이를 악물었고 그의 이마에는 굵은 땀방울이 맺혔어요.

하지만 아리의 표정은 흔들림이 없었지요. 그녀는 마치 정교한 조각가처럼 섬세하게 상처를 꿰맸어요.

피가 솟구칠 때마다 옆에서 있던 삼촌이 도왔어요. 부상자가 많아서 아리는 삼촌처럼 부상자의 상처를 치료하게 되었어요.

삼촌은 아리의 뛰어난 의술에 감탄하며 한시도 눈을 떼지 않았어요. 아리는 언젠가 삼촌처럼 훌륭한 의원이 되겠다고 생각했어요.

병사의 상처 부위를 깨끗이 닦고 아리는 가는 실과 바늘을 이용해 살점을 꼼꼼하게 꿰매기 시작했어요. 한 땀 한 땀 정성스럽게 꿰맬 때마다 병사의 상처는 서서히 원래의 모습을 찾아갔어요. 상처를 마무리하고 아리가 소독된 붕대로 상처 부위를 감싸 주니 병사는 안도의 한숨을 내쉬었어요.

"고맙습니다. 의원님. 정말 고맙습니다."

병사의 목소리에는 진심 어린 감사가 담겨 있었어요.

아리는 쉴 틈이 없었어요.

곧이어 도착한 병사들은 모두 깊은 상처를 입고 있었어요.

어떤 병사는 어깨에 화살이 박혀 있었고 어떤 병사는 다리에 뼈가 드러날 정도로 심한 상처를 입었어요.

아리는 밤새도록 수술했어요. 그녀는 조금의 망설임도 찾아볼 수 없었어요. 특히 힘들었던 것은 돌쇠라는 병사의 수술이었어요. 돌쇠는 전투 중 낙마하여 옆구리에 나뭇가지가 깊이 박혀 있었어요.

나뭇가지를 뽑자, 피가 분수처럼 솟구쳤고 내장 일부가 노출된 심각한 상태였어요. 모두가 절망적인 표정으로 아리를 바라봤어요.

이때 삼촌이 왔어요.

"의원님, 이 상처는 너무 깊습니다."

모두가 말을 잇지 못하고 고개를 떨구었어요.

아리는 포기하지 않았어요.

침착하게 병사의 상태를 살펴보았지요.

"아직 희망이 있어요."

삼촌은 "아주 위험한 수술이 될 것이다."라고 했어요.

아리는 병사들에게 뜨거운 물을 계속 준비하게 하고 약초를 더 가져오라고 했어요.

삼촌은 노출된 내장을 조심스럽게 제자리에 넣고 흐르는 피를 멈추기 위해 제조한 약초 즙을 상처 부위에 발랐어요. 그리고 가는 실로 한 땀 한 땀 내장을 꿰매기 시작했어요.

최고의 집중이 필요했지요. 작은 실수라도 하면 생명을 앗아갈 수 있었기 때문이죠. 아리의 얼굴에는 땀방울이 송골송골 맺혔고 그녀의 심장은 천둥처럼 울렸어요.

병사는 아리의 손놀림을 보며 숨을 죽였어요. 그는 아리가 어떻게 그렇게 침착하게 대처할 수 있는지 이해할 수 없었지요.

아리는 오직 환자의 생명만을 생각했어요.

한 시간, 두 시간… 시간이 흐르고 새벽이 밝아올 무렵, 마침내 삼촌은 병사의 옆구리를 완전히 꿰매는 데 성공했어요.

수술을 마친 삼촌과 아리는 지친 몸을 이끌고 잠시 주저앉았어요. 그녀의 손은 떨리고 있었지만, 눈빛은 여전히 강렬했어요. 병사들은 환호하며 삼촌과 아리에게 진심으로 존경을 표했어요.

"의원님, 정말 대단하십니다. 어찌 그런 어려운 수술을 성공시키실 수 있었습니까?"

삼촌은 미소 지었어요.

"우리의 몸은 신비로운 힘을 가지고 있지요. 힘이 약해지면 병이 들지만 노력하면 회복할 힘이 생기지요. 나는 단지 그 힘을 조금 도와줄 뿐이오. 그리고 무엇보다 우리 고구려 병사들의 강인한 생명을 지키려는 힘 덕분이오."

아리는 수술 후에도 병사들의 회복을 위해 신경을 썼어요.

아리는 매일 병사들의 상처를 확인하고 소독했으며 통증을 줄여주는 약초를 달여 주었어요.

병사들의 기력을 회복시키기 위해 영양가 있는 음식을 직접 만들어 주었어요.

고구려에서는 '음식은 약과 같다.'라는 이야기가 널리 퍼져 있었기 때문에 아리는 병사들의 건강과 상처 부위에 맞는 음식을 정성껏 준비했어요.

아리는 병사들에게 건강을 지키기 위한 위생의 중요성을 강조했어요.

"청결이 곧 생명이에요. 상처를 덧나게 하는 것은 더러움이니 항상 몸을 깨끗이 하고 주변을 정리하세요."

그녀의 가르침 덕분에 전염병이 번지는 것을 막을 수 있었고 많은 병사가 빠르게 회복할 수 있었어요.

그 후, 병사들이 놀라운 속도로 회복되어 일어섰어요.

병사들은 팔을 마음껏 움직일 수 있었고 옆구리의 통증 없이 걸을 수 있었어요. 그들은 삼촌과 아리에게 고개 숙여 감사했어요.

"의원님 덕분에 저희가 다시 살아났습니다! 의원님의 은혜는 평생 잊지 않겠습니다!"

아리의 마음은 흐뭇했어요.

"이것은 여러분이 보여준 강한 의지에서 오는 힘 덕분이지요."

아리는 병사들을 쳐다보며 말을 이었어요.

"나는 단지 여러분의 몸이 스스로 낫도록 도왔을 뿐이지요. 이제 다시 강인한 고구려의 용사로 돌아가 우리의 땅을 지켜주세요."

고구려의 의술은 치료와 백성들의 삶을 보살피고 국가를 지탱하는 중요한 중심이었어요. 삼촌과 아리 같은 의원들의 헌신과 지혜 덕분에 고구려는 수많은 전쟁 속에서도 굳건히 버텨낼 수 있었고 강인한 민족으로 성장할 수 있었어요.

고구려 의술은 삼국시대에 더욱 발달하였고 조선 시대에는 동의보감과 같은 세계적인 의학으로 발달하였지요.

오늘날 한의학의 뿌리가 되어 우리에게 이어지고 있으며 고구려의 강인한 정신과 지혜의 의술은 한국인의 우수한 의술로 발달하고 있어요.

고구려 의술은 K 의술의 발달로 세계 사람들의 의료관광으로 인기를 얻고 있답니다.

"

고구려 의술은 K 의술의 뿌리입니다.

"

K-발명 역사이야기

제3부
신라 발명 이야기

제11편
별을 품은 첨성대 비밀

제12편
천년왕국 신라의 봉화대

제13편
장보고와 신라 무역선

제14편
금관공예기술의 비밀

제15편
세계최초 목판 인쇄술

제16편
풍자와 웃음의 하회탈

제11편

별을 품은 첨성대 비밀

한반도의 동남쪽에 자리 잡았던 신라는 기원전 57년 박혁거세에 의해 건국된 이래, 수많은 외침과 내부 갈등을 겪으며 천년의 역사를 이어갔어요. 고구려와 백제라는 강대한 이웃 나라들 사이에서 신라는 늘 위태로웠어요. 이러한 불안정한 환경 속에서 신라 사람들은 외부의 위협에 맞서고 내부의 단결을 위한 계획과 방법을 세우기 위해 강력한 정신적 기둥이 필요했어요. 바로 화랑정신이었어요.

화랑들은 산천을 돌아다니며 마음과 몸을 굳세게 하면서 자연과 우주 이치를 알게 되었어요. 하늘은 국가의 운명과 백성의 생활을 만드는 우주라고 생각했어요. 이러한 깊은 우주를 이해하면서 자연스럽게 별 관측으로 이어져 동양 최초 첨성대라는 위대한 건축물을 만들었어요.

첨성대

신라의 정신적 기둥 화랑정신

화랑은 신라의 젊은 인재들을 뽑아 몸과 인격을 단련하여 국가에 몸과 마음을 바치도록 양성했던 독특한 교육 제도이자 군사 조직이었어요.

화랑은 무예만을 힘써 배우고 닦는 전사들이 아니었어요. 유교, 불교, 도교 사상뿐만 아니라 음악, 시, 미술 등 다양한 학문과 예술을 익혔으며 무엇보다 나라에 대한 충성심, 부모에 대한 효도, 벗에 대한 믿음, 전쟁터에서의 용맹, 살생에 대한 분별을 강조하는 5가지를 생활의 지표로 삼았어요.

"비담"은 바로 이러한 화랑정신의 중요 정신을 담고 있는 사람이었어요. 비담은 타고난 지혜와 호기심으로 가득 찬 젊은 화랑이었죠. 그는 검술과 활쏘기에도 능했지만 그의 마음을 사로잡은 것은 바로 밤하늘의 별들이었어요.

첨성대는 우주를 관찰하는 곳이었어요. 첨성대 꼭대기에 올라 하늘의 별자리 움직임, 일식, 월식, 혜성 등을 관찰하고 기록했죠. 이러한 관측을 통해 농사의 시기를 정하거나 국가의 중요한 좋은 일, 나쁜 일을 점치기도 했어요.

비담은 어린 시절부터 첨성대에 올라가 별자리의 움직임을 관찰하고 계절의 변화와 날씨를 보고 어떤 변화를 예측하는데 깊은 흥미를 느꼈어요. 그의 스승인 노화랑은 비담의 남다른 열정을 알아보고 첨성대의 비밀과 신라 천문학의 깊이를 가르쳐 주었어요.

"비담아, 저 별들을 보아라. 저들은 그저 반짝이는 빛이 아니다. 저마다의 길을 가고 이야기를 품고 있지. 신라 사람에게 하늘은 곧 세상의 이치이자 생활의 길잡이이니라. 특히 이 첨성대는 선덕여왕의 깊은 지혜와 우리 신라 사람들의 바라는 마음이 담긴 위대한 발명품이란다. 돌만을 쌓은 것이 아니라, 하늘의 이치를 땅으로 나타내려 했던 신라 사람들의 의지가 담겨 있지."

스승의 가르침은 비담의 가슴속에 깊이 새겨졌어요. 비담은 매일 밤 첨성대에 올라 별을 관찰하고 측정했어요. 꼼꼼히 별의 위치를 기록하면서 의문 나는 것은 스스로 질문했어요.

"왜 별들이 저마다 다른 속도로 움직이는지?"

"왜, 어떤 별은 뜨고 어떤 별은 지는지?"

계절마다 다른 별자리가 나타나는지에 대한 질문을 던졌어요. 그의 머릿속은 온통 별들의 비밀을 파헤치려는 열정으로 가득 차 있었지요.

어느 해, 신라에 큰 가뭄이 들었어요. 곡식은 말라 죽고 백성들의 고통은 막다른 지경에 달했죠. 왕실에서는 연일 비를 내려달라고 기우제를 지냈지만, 하늘은 끝내 비를 내리지 않았지요. 이때 비담은 첨성대에서 얻은 지식으로 왕에게 말씀드렸어요.

"전하, 제가 수년간 첨성대에서 별을 관측한 결과, 올해는 유난히 '물이 마르는' 기운이 있습니다. 이는 오랜 가뭄을 알려주는 징조이옵니다.

비담의 말에 임금님은 깜짝 놀랐어요.

"그럼, 기우제를 더 크게 지내야 하는가?"

이에, 비담은 답했어요.

"수성의 움직임이 심상치 않아 보름 안에 큰비가 내릴 가능성이 있습니다. 그러나 그 비는 잠시뿐, 다시 가뭄이 들 것이니 지금부터 백성들에게 물을 아끼고 가뭄에 강한 씨앗을 심도록 감독하며 격려해야 하옵니다."

비담의 예측은 놀랍게도 맞았어요. 보름 뒤 소나기가 내렸지만, 그의 말대로 이내 다시 가뭄이 찾아왔죠. 왕은 비담의 지혜에 감탄하며 그에게 더 큰 신뢰를 보냈어요.

첨성대는 별만 보는 곳이 아니라 백성의 생활과 국가의 편안함과 위태로움을 책임지는 중요한 것임을 증명하고 결정하는 기회가 되었어요.

우주를 담은 첨성대

비담은 첨성대에 관해 깊이 연구했어요.

첨성대가 27단의 돌로 이루어져 선덕여왕의 재위 기간을 의미하고 가운데 창문을 기준으로 위아래 12단씩 쌓인 돌이 1년 12달과 24절기를 의미했어요.

또한, 첨성대가 놓인 방향이 밤하늘의 주요 별자리와 정확히 일치한다는 사실에 감탄했어요.

"이 첨성대는 신라 사람들의 우주를 향한 공경과 두려움으로 우주의 질서를 이해하려는 치열한 노력이 담긴 위대한 발명품이지"

당시, 별을 눈으로만 관찰해야 하는 시기에 사람들은 놀랐어요.

"망원경 하나 없이 오직 맨눈과 지혜만으로 정확하게 볼 수 있는 천문대를 세웠으니 우리 선조들의 과학적 생각은 실로 놀랍구나!"

당대 세계적으로 가장 오래된 천문대이자, 그 건축 기술의 정교함은 동아시아를 넘어 세계적으로도 비슷한 사례를 찾기 어려울 만큼 뛰어난 것이지요.

서양의 천문대들이 소박한 형태를 띠거나 제단과 분리되어 있던 시기에 첨성대는 이미 천문 관측과 제단의 뜻을 함께 지닌 건축물로 가장 앞서 있었어요.

이는 신라의 과학 기술이 당시 어느 정도의 수준이었는지를 알 수 있는 것으로 첨성대는 '세계적 발명품' 가치를 지니고 있었지요.

과학적 첨성대

비담은 첨성대를 통해 신라 사람들의 과학적 사고가 얼마나 깊었는지 알았어요. 자연 현상을 끊임없이 관찰하고 기록하며 그 안에 숨겨진 규칙을 찾아내려고 노력했지요.

이러한 탐구 정신은 하늘을 관찰하여 농업 기술 발전은 물론, 건축 기술을 완전히 바꾸고 더 나아가 국가를 경영하는 지혜로 이어졌어요.

해시계 발명

어느 날, 비담은 첨성대 주변을 살피던 중, 땅속에 묻혀 있던 오래된 돌 조각을 발견했어요. 먼지를 털어내고 조심스럽게 살펴보니 그것은 신라 초기, 7세기경에 만들어진 것으로 보이는 평면 해시계 돌조각이었어요. 돌에는 해의 그림자 길이를 측정하여 시간을 알아내는 방법과 계절에 따라 그림자 길이가 달라지는 원리가 있었어요.

비담은 돌조각을 바탕으로 직접 해시계를 만들어 보기로 했어요. 그는 화랑으로서 무예를 연마하고 백성을 돌보았으며 밤에는 첨성대에 올라 별을 관측하고 남는 시간에는 해시계를 만드는 데 노력했어요.

여러 번의 노력 끝에 마침내 정확하게 시간을 알려 주는 해시계를 완성했어요. 이 해시계는 이후 신라 전국에 널리 퍼져 백성들의 생활에 큰 편리함을 주었어요.

이러한 경험을 통해 비담은 신라 사람들의 발명 정신을 느꼈어요. 그들은 불편함을 개선하고 새로운 것을 만들려는 끊임없는 발명에 도전했어요.

첨성대라는 거대한 천문대부터 작은 해시계에 이르기까지 신라 사람들의 생활 곳곳에는 이러한 발명 정신이 있었어요.

첨성대 건립 이후 신라의 천문 관측 기록이 급속하게 늘어났다는 기록을 보면 첨성대는 천문학 연구의 도구이자 발전에 중요한 역할을 했다는 것을 알았어요.

그 당시 신라 사람들이 천문학의 중요성을 깊이 인식하고 있었으며 이것은 국가의 기틀을 다지는 아주 중요한 과학 기술이었어요.

비담은 자신의 경험을 바탕으로 화랑들에게 첨성대의 중요성과 신라 천문학의 가치를 가르쳤어요. 화랑들에게 무예만을 배우고 닦을 것이 아니라 하늘의 이치를 배우고 자연의 법칙을 이해하며 나아가 백성의 생활을 이롭게 할 수 있는 과학적 지식을 습득해야 한다고 했어요.

"화랑들이여, 우리의 정신은 오직 강인한 무예에만 있는 것이 아니다. 하늘의 별을 읽고, 땅의 이치를 깨달으며 백성의 생활을 풍요롭게 할 지혜를 깊이 연구하는 것 또한 진정한 화랑의 길이다."

첨성대는 우리에게 그 길을 밝혀주는 등대와 같으니 저 별들을 보며 더 넓은 세상을 꿈꾸고 더 나은 신라를 만들어갈 지혜를 얻도록 하자는 말에 모두가 공감했어요.

비담의 가르침은 화랑들에게 큰 감동을 주었어요.

많은 화랑이 첨성대에 올라 별을 관측하고 천문에 관심을 가지게 되었어요. 그들은 비담과 함께 새로운 발명품을 구상하고 신라의 과학 기술 발전에 큰 도움이 되기 위해 노력했어요.

첨성대를 통해 백성들에게는 안정과 풍족한 생활을 만들어 주고 나라 밖으로는 선진 문명을 과시하며 국가의 위상을 드높이는 방법으로 이용했어요.

첨성대는 정치, 사회, 문화 전반에 걸쳐 막대한 가치를 지닌 발명품이었던 것이에요. 첨성대는 신라 사람들의 깊은 우주관과 뛰어난 과학 기술 그리고 끊임없이 탐구하고 발명하려 했던 그들의 위대한 정신이 담긴 살아있는 증거에요.

비담과 같은 화랑들의 노력 덕분에 신라의 천문문화는 더욱 꽃피웠고 그들의 과학적 사고와 발명 정신은 후대에까지 이어져 신라의 번영을 이끄는 중요한 힘이 되었답니다.

오늘날 우리는 첨성대를 바라볼 때 그 안에 담긴 신라 사람들의 지혜와 열정, 그리고 밤하늘의 별을 보며 더 나은 미래를 꿈꾸었던 선조들의 위대한 정신을 생각해야 해요.

세계 최고 수준의 천문대로서 천문 관측 기록의 급속한 발전을 가져온 첨성대는 인류 과학사에 길이 남을 오래도록 간직할 유산이자 신라 사람들의 빛나는 창조성이에요. 첨성대는 시간과 공간을 넘어 우리에게 끊임없이 탐구하고 도전하는 삶의 가치를 일깨워주는 영원한 스승으로 남아 있을 거예요.

제12편

천년왕국 신라의 봉수대

5,000년 한국 역사에서 신라는 1,000년의 역사를 가진 유일한 나라에요. 고구려와 백제, 그리고 바다 건너 왜의 침략이 끊이지 않던 삼국시대, 신라는 한반도의 동남쪽이라는 불리한 지리적 위치에도 불구하고 천년의 역사를 이어갔죠.

강대국 속에서 살아남아 마침내 통일신라의 위대한 업적을 달성할 수 있었던 비결은 무엇이었을까요?

여러 이유가 있겠지만 봉수대가 신라의 안전보장과 소식을 전달하는 데에 큰 역할을 했어요.

인터넷도, 전화도 없던 그 시절, 봉수대는 신라의 눈과 귀가 되었어요. 적의 침입을 가장 빠르게 알리고 국경의 소식을 서라벌 수도로 전달하며 단기간 군사 지시를 내리는 중요한 역할을 했어요.

봉수대는 신라 사람들의 지혜와 발명 정신으로 오늘날 한국을 세계 최고의 인터넷 강국으로 만든 뿌리이고 보이지 않는 유산이에요.

위기 속에서 탄생한 천년의 지혜

신라는 초기에는 고구려와 백제보다 힘이 약한 작은 나라에 불과했어요. 드넓은 만주를 호령했던 고구려의 기상과 백제의 세련된 문화 사이에서 신라는 늘 외세의 침략과 내부의 혼란이라는 다급한 상황에 있었어요.

봉수대

이러한 위기가 오히려 신라를 더욱 단단하게 만들었어요.

신라 사람들은 살아가기 위해 끊임없이 새롭게 변화하는 지혜를 키웠어요. 인재를 양성했던 화랑도 제도에요.

화랑도는 신라의 젊은이들에게 충성심, 용맹함, 그리고 자연의 이치를 탐구하는 지혜를 가르쳤어요. 가르치는 것이 중요하다고 생각했어요.

비담은 첨성대에서 하늘의 이치를 읽어냈던 지혜로운 인물이었죠. 하지만 비담의 관심은 단지 하늘에만 머물지 않았어요.

그는 땅 위에서 국가의 안정을 지키는데, '정보'의 중요성을 일찍이 깨달았지요.

수도에서 떨어진 지역에서 적의 움직임을 알아차렸을 때, 소식을 수도 서라벌에 알리기까지는 시간이 오래 걸렸어요. 그 시간 동안 적은 이미 깊숙이 침투하여 백성들을 두렵고 불안하게 하거나 전쟁을 이끌어 가는 중요한 지역을 빼앗길 수 있었어요.

어느 날, 비담은 스승에게 고민을 털어놓았어요.

"스승님, 우리의 병사들은 용맹하나 적들은 그림자처럼 다가옵니다. 소식이 늦어 제때 막지 못하면 아무리 강한 군사라도 아무 소용이 없습니다. 적의 움직임을 가장 빠르게 알아채고 수도에 알릴 방법은 없을까요?"

스승은 비담의 질문에 고개를 끄덕였어요.

"비담아, 네 말이 옳다. 소통은 전쟁의 승패를 가르는 가장 중요한 조건이란다. 예부터 봉화를 이용해 소식을 전해왔지만 잘 짜여 있지 못해 전달이 더딘 문제가 있지. 봉화를 어떻게 더욱 빠르고 정확하게 만들 수 있을지, 그것이 바로 네가 풀어야 할 숙제이다."

비담은 스승의 말을 듣고 깊은 생각에 잠겼어요.

그는 신라 땅의 모양을 꼼꼼히 살폈어요.

높은 산봉우리들이 연속적으로 이어져 있다는 점에 눈이 번뜩였어요.

"아하! 그거야"

그는 산봉우리들을 이용하여 눈으로 보는 통신망을 만드는 아이디어를 떠올렸어요. 바로 봉수대로 연결하는 것이었어요.

봉수대의 탄생

비담은 왕에게 자신의 계획을 말씀드렸어요.

"전하, 제가 삼면이 바다와 대륙에 접한 신라의 땅 모양을 살펴보았습니다. 동해안과 서남해안 그리고 북방 국경 지대에 봉수대를 설치하고 이를 수도 서라벌까지 촘촘히 연결하면 적의 침입 소식을 불과 몇 시간 안에 수도에 전달할 수 있을 것입니다."

왕은 비담의 제안에 귀를 기울였어요.

"좋은 생각이네"

왕은 적의 소식이 늦게 전달되는 것에 답답했어요.

비담의 봉화대 설치에 대해 크게 만족했지요. 그렇게 해서 신라 전역에 봉수대 설치가 시작되었어요.

봉수대는 단순히 불을 피우는 장소가 아니라 소식을 전달하는 일을 빠르게 하기 위해 만들었어요.

적의 침입 경로를 미리 짐작하여 시야가 탁 트인 산봉우리에 봉수대를 설치했어요. 각 봉수대 사이의 거리는 다음 봉수대에서 불꽃이나 연기를 명확하게 알아볼 수 있도록 거리와 위치를 선택했어요.

마치 오늘날 통신 기지국을 설치하는 것과 비슷한 계획이었지요.

비담은 통신 방법을 생각했어요.

'몇 개의 불꽃이 어떤 의미가 있는가.'에 대한 기준에 맞는 통일된 기준을 만들었어요.

'하나의 봉수는 적이 나타났다'라는 평시 신호를 보내면 상대도 불꽃 하나로 답하고 적이 가까이 왔을 때는 두 개의 봉수를 반복해서 보내는 식으로 서로 통신하는 방법이었어요.

만약에 적이 침입했다면 세 개의 봉화로 긴급함을 알렸어요.

전투 중이면 네 개의 봉화를 지원이 필요할 때는 다섯 개의 봉화를 올려서 전쟁 상황을 신속하게 알렸어요.

| 남산봉수대 |

연기를 덮었다 열었다 하는 방식으로 상황을 정확하게 알리는 통신 방법을 사전에 연습했어요.

낮에는 연기로 밤에는 불꽃을 사용하여 24시간 통신 방법을 유지했어요. 연기는 습도에 따라 잘 보이지 않을 수 있었어요. 그래서 낮에는 땔감의 종류와 습도를 조절하여 연기의 색깔과 연기량을 일정하게 유지하는 기술도 개발했어요.

오늘날 '긴급재난문자'와 같이 소식을 전달하는 방식과 같았어요.

봉수군의 설치

봉화대는 신라 국경을 지키는 생명 줄과 같았어요.

봉수대를 지키는 '봉수군'은 봉화를 관리하고 신속 정확하게 신호를 보내는 훈련을 반복했어요. 항상 물을 관리하는 병사들도 함께 살며 봉수대를 관리하고 땔감도 미리 갖추어 장만했어요.

이들은 정기적으로 통신 훈련하여 정확하고 신속하게 정보를 전달하는 능력을 키웠어요. 오늘날의 통신망 유지보수 팀처럼 수시로 봉화대를 점검하고 통신 방법을 훈련했지요.

전쟁을 승리로 이끈 신라의 '초고속 통신망'

봉수대가 완성된 후, 신라의 정보 전달 속도는 상상할 수 없을 정도로 빨라졌어요. 급할 때는 봉화수가 깃발을 들고 신호를 전달하기도 했지요. 깃발도 여러 가지로 모양, 크기 색깔로 구분하여 위급 상황을 전달했어요.

어느 겨울, 일본군이 서남해안을 통해 기습 침략을 시도했어요.

하지만 최전방 봉수대에서 곧바로 봉수 세 개를 올렸고 이 불꽃은 순식간에 다음 봉수대로, 또 다음 봉수대로 이어졌어요. 불과 몇 시간 만에 수도 서라벌에 일본군의 침략 소식이 전해졌고 왕은 즉시 군사를 출동시켜 일본군을 물리칠 수 있었어요.

만약 봉수대가 없었다면 이 소식은 며칠이 지나서야 도착했을 것이고 신라는 막대한 피해를 보았을 것이에요. 봉수대는 신라의 '초고속 통신망'이었던 것이에요.

봉수대는 단순한 전쟁 통신 수단에 이어 국경 방어의 좋은 결과를 크게 높였어요. 적의 움직임을 미리 파악하여 불필요한 병력 손해를 줄이고 필요한 곳에만 병력을 집중적으로 배치할 수 있게 되었어요.

오늘날 '스마트 국방' 조직의 초기 형태이었지요.

봉수대 가치는 삼국 통일 전쟁에서 빛을 발했어요.

당나라와의 연합작전 시, 봉수대는 양국 군대 간의 긴밀한 정보 교환을 가능하게 했어요.

김유신 장군이 이끄는 신라군이 백제를 공격할 때, 당나라 수군의 상륙 시점을 봉수대로 조절하여 백제를 공격했어요.

봉수대는 신라가 삼국 통일을 이루는 데 결정적인 역할을 했지요. 마치 '연합작전 지휘 통제 시스템'과 같았어요.

비담은 봉수대를 통해 정보의 신속성과 정확성이 국가의 생존과 번영에 얼마나 중요한지를 알았던 선구자이에요.

그는 봉수대를 '발명'한 것이 아니라, 정보 통신이라는 지식을 당시 신라 사회에 뿌리내리게 한 선구자였어요.

시간이 흘러 신라는 사라졌지만 정보 통신에 대한 신라 사람들의 열망과 봉수대에 담긴 과학적 사고는 우리 민족의 DNA에 깊이 새겨져 있지요.

오늘날 대한민국이 세계 최고의 인터넷 강국이 된 비결은 어디에 있을까요?

그 시작은 바로 신라의 봉수대에서 찾을 수 있어요.

신라 사람들이 봉수대를 통해 정보의 가치를 목숨처럼 여겼듯, 현대 한국인들은 인터넷을 통해 정보가 곧 힘이라는 것을 알고 있어요.

비담이 적의 소식을 몇 시간에 수도에 전달하려 했던 것처럼 우리는 '광속'에 가까운 인터넷 속도를 추구하며 더 빠르고 성공적인 통신망을 만들어가고 있어요.

첨성대와 봉수대라는 당대 최고의 통신 및 관측 방법을 만든 신라 사람들의 발명 정신은 오늘날 한국을 IT 강국을 만든 근본의 힘이었어요.

봉수대는 신라 사람들이 위기 속에서 살아남기 위해 만들어 낸 지혜였고 미래를 내다보고 예리하게 꿰뚫어 보는 상징이었어요.

화랑 비담의 꿈과 열정, 그리고 봉수대에 담긴 신라 사람들의 과학적 사고와 발명 정신은 천년의 세월을 뛰어넘어 오늘날 대한민국이 세계를 선도하는 정보 통신 강국으로 우뚝 설 수 있었던 숨겨진 비결이자 위대한 유산이에요.

첨성대와 봉수대를 보며 미래를 향해 끊임없이 도전했던 우리 선조들의 위대한 정신을 되새겨야 해요.

우리 선조들은 이미 오래전부터 봉화대를 기초로 삼아 인터넷 문화를 만들었던 것이에요.

인터넷 송수기

제13편

장보고와 신라 무역선

고구려와 백제, 그리고 신라는 각기 다른 조건과 배경에서 문화와 기술을 발전시켰어요. 육지의 제왕 고구려가 기마 민족의 기상으로 드넓은 대륙을 호령했다면 백제는 서해를 통한 활발한 교류로 세련된 문화를 꽃피웠어요.

한반도의 동남쪽에 자리 잡았던 신라는 바다가 곧 미래 희망의 터전이었어요. 삼국은 각자의 환경에 맞는 다양한 형태의 배를 발전시켰어요.

고구려는 밑바닥이 평평한 배로 강폭이 넓은 강에서 움직이게 하기 쉬운 배를 사용했어요.

백제는 서해를 통한 중국과의 교류가 활발했기에 비교적 큰 규모의 무역선과 해상 전투에 유리한 선박 기술을 발전시켰죠.

신라 배

모든 배 중에서 신라의 배는 그 특징과 뛰어난 성능으로 천 년 해상 왕국의 꿈을 현실로 만들었어요. 그리고 그 중심에는 장보고라는 위대한 인물과 첨성대, 봉수대를 발명했던 신라 사람들의 손기술이 있었답니다.

신라 배의 탄생 '해랑'의 지혜

초기의 신라 배는 주로 육지에 가까운 항해에 적합한 소형 선박이었어요. 그러나 바다를 통한 교류와 국방의 중요성이 커지면서 신라 사람들은 먼 항해에 적합한 대형 선박 개발에 눈을 돌렸어요.

신라 사람이 하늘의 별을 관측하기 위해 첨성대라는 정교한 건축물을 만들고 먼 거리의 소식을 빠르게 전달하기 위해 봉수대를 잘 결합하여 연결했듯이 신라 사람들은 바다라는 거친 환경을 극복하기 위해 최고의 배를 만들어야 한다는 강한 의지가 있었어요.

비담의 후손으로 뛰어난 목수이자 배 설계자인 도편수 해랑이 있었어요. 해랑은 어릴 적부터 선조 비담의 유물과 기록을 보며 관찰하고 분석하여 문제를 해결하는 방법을 생각했어요. 그는 바다를 오가는 배들이 못쓰게 되는 원인을 꼼꼼히 기록하고 당나라와 일본의 배 구조를 자세히 연구하며 새로운 신라 배를 만들었어요.

어느 날, 해랑은 신라의 이름난 대목장들과 함께 거대한 배 설계도를 펼쳐놓았어요.

"해랑 도편수님, 이런 배는 처음 봅니다! 배가 어찌 이리 넓고 평평하죠? 앞이 뾰족한 이유는 뭔가요?"

대목장 중 한 명이 놀라서 물었어요.

해랑은 밝은 눈빛으로 설명했어요.

“대목장님, 서해에서 백제와 당나라 배를 보니 그들은 빠르나 파도에 약하고 크지만 빠르지는 못했어요.”

그는 설계도를 손가락으로 짚어가며 설명을 이어갔어요.

“보세요, 이 배는 밑바닥이 평평한 배의 장점을 살려 얕은 물에서도 이동할 수 있도록 바닥을 넓고 평평하게 만들어 물건을 많이 싣고 내리기에 편리하고 해안 가까이 접근하여 일본에 대처하기에도 유리합니다.”

“배의 앞부분과 뒷부분은 물살을 헤치기 좋도록 완만한 곡선으로 처리했습니다. 이는 평평한 배의 안정감과 동시에 파도를 헤치고 나아갈 수 있게 하는 방법입니다.”

해랑의 설명에 다른 대목장이 고개를 갸우뚱했어요.

”한데, 평평한 바닥으로는 거친 육지에서 멀리 떨어진 바다의 파도를 견디기 어렵지 않나요?“

해랑은 빙긋 웃으며 가장 중요한 부분을 가리켰어요.

“바로 그 점을 해결하려고 이중 선박 바닥의 중앙을 받치는 구조를 만들었어요. 배의 바닥을 지탱하는 바닥의 중앙을 받치는 재목을 두껍고 튼튼하고 단단하게 만들어 파도의 충격을 줄이도록 했고 선체 바깥쪽을 여러 겹으로 덧대어 강하게 만들었습니다.”

해랑은 설계도를 짚어가면서 배의 특징을 설명했어요.

“배의 좌우에 널빤지와 같은 구조물을 덧대어 선원들이 안정적으로 활을 쏘고 전투를 벌일 수 있는 공간을 만들었습니다.”

신라 무역선

배는 무역선이면서 혹시 발생할지 모르는 전투에는 해상 전투함으로도 바뀔 수 있는 다목적 선박이었어요.

해랑의 설명은 대목장들에게 깊은 감동을 주었어요. 그의 설계는 기존 배의 잘못되고 모자란 점을 보완하고 신라의 지형이나 전략을 생각한 발명이었어요. 하늘과 바다를 잇는다는 뜻을 가진 '천해호'라는 이름으로 첫 항해를 준비하게 되었어요.

전남 완도의 청해진, 아직 어둠이 채 가시지 않은 새벽, 짠 냄새 가득한 부두에는 거대한 신라 무역선 천해가 머무르고 있었어요.

갑판 위에는 200여 명의 선원이 각자의 위치에서 항구를 떠날 준비에 여념이 없었어요.

신라에서 가장 뛰어난 선장 장보고는 뱃머리에 서서 묵묵히 하늘을 올려다보고 있었어요. 부리부리한 그의 눈은 넓은 바다 너머 동남아시아의 번창한 항구들을 바라보는 듯했어요.

"선장님! 오늘 바람은 북서풍이 시원한 순풍입니다!"

갑판장이 활기찬 목소리로 외쳤어요. 장보고의 얼굴에 희미한 미소가 피었어요.

"좋다! 이 바람을 타고 당나라 양주를 거쳐 멀리 남방의 나라들까지 시원하게 달려 나갈 것이다! 출항하라!"

장보고의 한마디에 선원들의 얼굴에도 힘이 실렸어요. 그는 선원들 한 명 한 명의 이름을 기억하고 그들의 가족 안부까지 묻는 지도자였지요.

"덕만아, 이번 항해에도 가족들 생각해서 힘내라! 지난번 가져온 비단으로 네 아내가 예쁜 옷을 지어 입었다고 기뻐하더구나!"

"예, 선장님! 선장님 덕분입니다! 이 몸 부서져라, 노 젓고 돛 올리겠습니다."

선원들은 장보고를 자신들의 꿈이자 희망으로 여겼지요. 장보고는 신라의 이름을 드높이고 백성들의 삶을 풍요롭게 하는 것이 자신의 맡겨진 임무라 믿었어요.

그는 거친 파도를 뚫고 나아갈 튼튼한 신라 배와 용감한 선원들만이 이 모든 것을 가능하게 할 것이라 확신했어요.

신라 배의 위엄과 선원들의 지혜

천해호는 돛을 올리고 청해진을 떠나 드넓은 바다로 나갔어요.

며칠을 항해했을까, 갑자기 하늘이 어두워지고 집채만 한 파도가 배를 집어삼킬 듯 덮쳐왔어요.

"폭풍이다! 모두 돛을 내리고 밧줄을 단단히 묶어라! 흔들리지 않도록 고정시켜라."

갑판장의 다급한 외침이 울려 퍼졌어요. 선원들은 몹시 놀라 넋을 잃었지만, 장보고는 흔들림 없이 뱃머리에서 지시를 내렸어요.

"당황하지 마라! 이 배는 신라의 지혜로 만든 튼튼한 배다! 지난번 폭풍도 이겨내지 않았느냐!"

그의 말처럼 천해호는 거친 파도 속에서도 놀라운 편안함을 주었어요. 신라 배는 단단한 목재로 촘촘히 엮은 강하고 튼튼한 배의 몸체와 안정적으로 원래의 상태로 되돌리는 힘을 가지고 있었어요.

특히 배의 바닥을 구성하는 선박 바닥과 배의 겉뼈대의 결합은 어떤 파도에도 쉽게 부서지지 않도록 설계되어 있었답니다. 이는 첨성대의 건축 기술이 배의 설계에도 그대로 이용된 최고의 과학적 배이었어요.

폭풍우가 잦아들자, 선원 중 한 명이 장보고에게 다가왔어요.

"선장님, 정말 놀랍습니다! 다른 나라 배 같았으면 벌써 배가 부서졌을 텐데, 우리 신라 배는 끄떡없습니다!"

장보고는 미소를 지었어요.

"그렇다. 이 배는 특별하다. 우리 신라 사람들이 수많은 실패를 거쳐 만들었다. 특히 동해에서 일본의 침략을 막고 거친 바다를 극복하며 쌓은 경험이 이 배에 모두 들어 있다."

그는 험한 바다를 극복해야 한다는 절실함으로 만든 배라는 점을 강조했어요. 마치 봉수대가 적의 침략을 가장 빠르게 알리기 위해 최고 좋은 방법의 통신망으로 설계했던 것과 같다고 말했어요.

국제 무역 왕, 대사 장보고

천해호는 온갖 역경을 뚫고 당나라 양주에 도착했어요. 양주는 당대 동아시아 최고의 국제 무역항이었죠. 갖가지 언어와 여러나라 사람의 상인들이 뒤섞여 북적이는 이곳에서 장보고는 능숙하게 무역했어요.

"장 대사, 이번에 가져온 신라의 특산품인 인삼과 금 세공품 품질이 뛰어나 당나라 황실에서도 인기가 자자하다오."

당나라 상인 왕 씨가 미소를 지으며 장보고에게 악수를 청했어요.

"하하, 왕 선생, 항상 우리 신라 물품을 귀하게 여겨주시니 감사할 따름입니다. 이번에는 특별히 남방에서 들여온 향신료와 진귀한 약재들을 가져왔으니 분명 큰 이익을 보실 것입니다."

장보고는 물건을 사고파는 데 그치지 않았어요. 그는 상인들과 술잔을 기울이며 국제 관계와 각국의 기술 개발에 대한 정보를 주고받았지요.

신라가 가진 튼튼한 배와 해상 무역 능력은 장보고에게 당나라와 일본, 더 나아가 동남아시아 여러 나라의 상인들에게 신뢰할 수 있는 믿음을 주었어요.

어느 날, 페르시아 상인이 장보고에게 조심스럽게 물었어요.

"장 대사, 당신들의 배는 어찌 그리 견고하고 빠른가요? 우리의 배로는 엄두도 못 낼 거친 파도를 뚫고 동남아시아까지 다녀왔다고 들었소!"

장보고는 자랑스럽게 답했어요.

"우리 신라 배는 오랜 세월 바다와 싸우며 얻은 지혜와 기술로 만들어졌소. 배의 바닥을 단단히 하고 돛을 조절하는 기술도 남다르지요.

우리는 이 배를 통해 물건 만을 나르는 것이 아니라 세상의 모든 지혜와 문화를 연결하고자 합니다."

장보고의 무역선은 신라의 비단, 인삼, 금 세공품 등을 싣고 당나라와 일본에 팔았어요. 그곳에서는 비단, 도자기, 서적 등을 구매했어요. 나아가 인도네시아, 베트남 등 동남아시아까지 항해하여 후추, 계피 등 향신료와 진귀한 약재들을 들여왔지요.

이는 신라 배가 바다를 다니는 능력이 얼마나 뛰어났는지를 보여주는 것이었지요. 장보고가 다니던 넓은 지역에서는 국제 무역 왕으로 이름이 알려졌어요.

그는 교역만을 하는 것이 아니라 당시 해적을 없애고 해상 무역로를 안전하게 만들어 배로 물건을 싣고 장사하는 국제 상인들의 질서를 굳게 하는 데도 이바지했어요. 장보고의 신라선, 천해호는 무역선이자 군함, 그리고 문화 교류의 길이었던 것이에요.

제14편

금관 공예 기술의 비밀

지금으로부터 천오백 년 전, 고구려, 백제, 신라 삼국 통일을 달성하여 강하게 번성하여 국가를 만든 신라 사람들. 그들의 손끝에서 피어난 예술과 기술은 오늘날, 한국인의 손기술이 되었어요.

세계에 있는 고대 금관 14점 중 무려 10점이 한국에서 출토되었어요. 그중 6점이 바로 신라의 것이에요. 신라가 얼마나 찬란한 황금 문화를 꽃피웠는지 명확히 알 수 있어요.

이 놀라운 숫자 속에는 당시에는 상상하기 어려운 정교하고 아름다운 공예 기술이 숨겨져 있어요. 마치 시간 여행자가 되어 신라의 금관인 황금 기술이 어떻게 탄생하고 발전했으며 어떤 재미있는 이야기들을 품고 있는지 함께 여행해요.

서역 황금 기술을 가져온 천해호 장보고 선장

한반도의 동남쪽에 자리 잡았던 작은 왕국, 신라의 장보고 선장

9세기 해상왕 장보고는 완도에 청해진을 설치하고 당나라, 일본은 물론 멀리 아라비아 상인들과도 교역하며 동아시아 해상 무역을 마음대로 할 수 있었어요. 그의 해상 무역로는 물건을 사고파는 것만이 아니라 다양한 문화와 기술의 통로였지요.

육로를 통한 실크로드보다 장보고는 해상 실크로드를 통해 서역의 선진 기술과 물품을 신라에 들여왔어요.

| 금관 |

신라의 금관 공예 기술을 이야기할 때 빼놓을 수 없는 것이 바로 국제적인 기술이에요. 한반도 동쪽 구석의 신라가 아니라 드넓은 바다를 통한 세계적인 국가이었어요.

장보고는 금 알갱이와 금실을 이용해 정교한 무늬를 표현하는 누금 세공 기술을 해상 실크로드를 통해 도입했어요.

장보고의 무역선이 드넓은 바다를 건너 신라로 돌아올 때, 그 배 안에는 진귀한 향신료와 비단뿐만 아니라 서역 장인들의 뛰어난 금속 공예 기술에 대한 정보나 심지어는 직접 기술을 전할 수 있는 사람까지 함께 왔어요.

뜨거운 사막을 가로질러 온 고대의 기술자들이나 해상 무역을 통해 신라에 도착한 다른나라 장인들이 신라의 수도 금성(경주)에 도착했을 때, 신라 사람들은 얼마나 놀라워했을까요?

다른 나라 기술이 낯선 신라 땅에 뿌리 내릴 수 있었던 것은 수많은 실패와 새로운 서로의 정보를 공유하고 합하여 해결책을 찾으려는 것이었어요.

신라의 장인들은 서역 장인의 기술을 보며 눈을 반짝였어요.

"저 큰 손으로 세밀하게 손을 움직이네"

"얼마나 많은 훈련을 했는지, 짐작이 가네!"

신라 사람들은 모방에 그치지 않고 뛰어난 관찰력과 끊임없이 새로운 방법을 찾는 정신으로 신라만의 방식으로 바꾸었어요. 섬세한 신라 사람들의 손기술로 누금 세공 기술이 **더욱** 개발되었어요.

중국 서쪽 나라의 기술이 화려하고 다른 나라의 특징의 문양에 치중했다면 신라 사람들은 자연의 아름다움을 표현하는데 탁월한 기술과 재능이 나타났어요. 마치, 돋아나는 새싹과 가지, 하늘을 나는 새의 깃털, 만개한 꽃잎의 모양 등을 금으로 표현하며 신라만의 예술적인 아름다움을 만들었어요.

장보고의 해상 무역은 이러한 기술을 더욱 활발하게 만들고 신라가 서역의 선진 물품을 빠르게 들여와 신라만의 힘으로 황금 문화를 발전시켰어요.

신라의 금관은 왕의 권위를 나타내는 장신구만이 아니었어요. 왕이 곧 하늘의 자손이며 세상을 다스리는 신성한 존재임을 드러내는 일종의 우주라는 신적 상징이었어요.

금관의 나뭇가지 모양 장식은 하늘과 땅을 연결하는 통로이고 곱은 옥은 생명의 탄생과 풍요를 나타냈고 수많은 금 드리개는 영원한 생명을 의미했어요.

금관 공예 기술은 신라의 장인들이 모여 최고 수준의 금속 가공 기술은 최고의 기술로 개발되었어요.

얇디얇은 금판을 오리고 수천 개의 금 알갱이를 녹여 붙이고 머리카락보다 가는 금실을 꼬아 섬세한 문양을 만들었지요.

돋보기가 없던 시절, 오직 장인의 정교한 손기술과 감각의 기술과 끈끈한 인내심으로 만들었어요.

손톱보다 작은 금 알갱이를 불에 달구어 녹여서 준비된 금판 위에 정교하게 얹어 모양을 완성하는 과정은 얼마나 힘들었을까요? 작은 실수 하나라도 전체 작품을 망칠 수 있었던 것이에요.

어느 날, 최고의 금관 장인으로 이름이 자자했던 황금 손을 가진 아리의 후손, 아라는 왕이 주문한 새로운 금관을 만드는 데 집중하고 있었어요.

"세계 하나뿐인 금관으로 만들어 보거라"

왕실에서는 이전과는 비교할 수 없는 섬세함과 화려함을 주문했어요. 아라는 며칠 밤낮으로 잠을 설쳐가며 금 알갱이를 녹이고 붙이는 누금 세공 작업에 매달렸어요. 작은 금 알갱이 하나하나가 마치 살아 있는 듯이 생생하게 표현했어요.

그러나 완성을 앞에 놓고 사고가 났어요. 잠을 설쳤던 아라가 잠시 자리를 비운 사이 제자의 부주의로 화로의 불이 너무 세져 금판의 일부가 녹아내렸던 것이에요.

아라는 새까맣게 타들어 가는 금을 보며 몹시 속상했어요.

"아이쿠, 큰일 났구나!"

재료의 손실도 컸지만, 무엇보다 완벽해야 할 작품에 흠집이 생겼다는 사실에 당황했어요.

그러나 아라는 포기하지 않았어요. 녹아내린 부분을 자세히 살펴보니 오히려 그 부분을 잘 사용해 이전에는 없던 새로운 모양을 만들면 좋겠다는 생각이 떠올랐어요.

녹아내린 모양을 살려서 자연스럽게 흐르는 금빛 선들을 더하고, 그 위에 더 작은 금 알갱이들을 촘촘히 박아 넣었지요.

"와우!"

실수로 인해 만들어진 것이 오히려 금관을 화려한 아름다움으로 나타났어요.

임금님은 완성된 금관을 보고 놀랐어요.

"이전에 보지 못했던 살아 움직이는 것 같은 아름다움이로다!" 라며 매우 칭찬했어요.

아라의 긍정적 생각과 손기술은 주변에 사람들에게 또 다른 기술로 칭찬을 받았지요.

오늘날 우리가 보는 금관 어디에도 없는 불타는 금을 살려내기 위한 장인의 번뜩이는 재치와 땀방울이 녹아 있었어요.

왕비 비밀의 주문과 장인의 지혜

왕비는 아라의 놀라운 기술을 듣고 자신만을 위한 금관을 갖고 싶었어요. 그녀는 금관에 자신의 머리카락처럼 가늘고 부드러운 금실로 만든 장식을 하늘로 날아가듯이 넣어 달라고 부탁했어요. 당시 금실은 아무리 얇게 만든다 해도 머리카락만큼 가늘게 뽑는 것은 매우 하기 어려운 일이었지요.

금관 장인 아라는 왕비의 요청에 밤낮으로 고민했어요.

수없이 시도 했지만, 너무 가느다란 금실은 자꾸만 끊어지거나 제대로 뽑히지 않았어요.

그러던 어느 날, 아라는 꿈속에서 거미줄을 보았어요. 새벽이슬을 머금은 거미줄은 햇빛에 반짝이며 마치 황금 실처럼 보였어요.

꿈에서 깨어난 아라는 무릎을 쳤어요.

“그렇지 거미처럼 실을 뽑아내면 될 거야.”

그는 즉시 금을 아주 얇게 늘이는 기술과 함께 금을 물에 녹여 아주 미세한 입자로 만든 후 다시 실처럼 뽑아내는 방법을 연구했어요. 매우 위험하고 어려운 과정이었지만 수많은 실패 끝에 마침내 머리카락보다 가는 금실을 만드는 데 성공했어요.

왕비는 아라가 만들어 낸 금실 장식을 보고 너무나 기뻐했어요.

“역시 아라 장인의 기술은 신라 최고의 기술이네!”

왕비는 금실이 너무나 귀하고 특별하다며 다른 금관에는 절대 사용하지 못하도록 명령했어요. 그러나 신라의 장인들은 때로는 왕실의 비밀스럽고 예전에 없는 주문에 굴하지 않고 자신들의 기술력을 최고로 새로운 공예 기술을 개발했어요.

발굴된 신라 금관을 자세히 살펴보면 때로는 눈에 잘 띄지 않는 아주 작은 부분에 독특한 모양이나 표시가 발견되기도 해요. 어떤 학자들은 이것이 금관을 만든 장인의 이름을 써 놓은 것이라고 짐작해요.

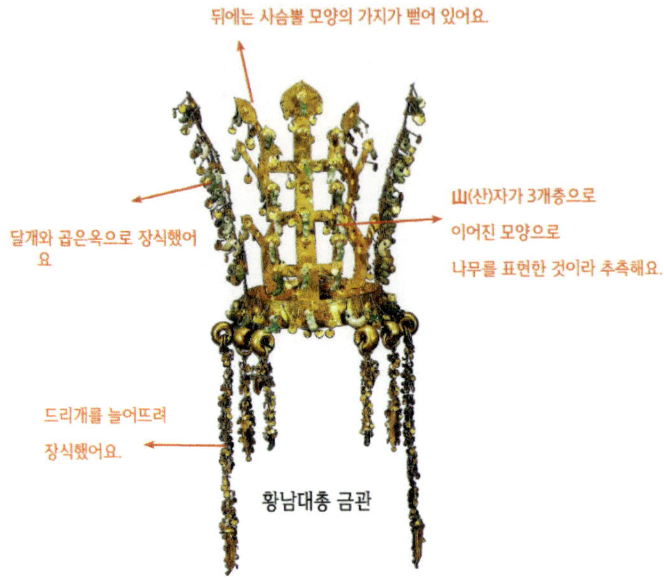

황남대총 금관

고대, 장인들이 자신의 작품에 자신만의 작은 흔적을 남겨 두는 경우가 있었지요.

장인이 자신의 일생을 바쳐 만든 금관의 가장 비밀스런 부분에 자신의 이름을 뜻하는 작은 기호나 혹은 가족을 나타내는 모양을 새겨 넣었을지도 몰라요.

"이 금관은 바로 내가 만들었다!"

자부심의 표현이거나, 혹은 내 가족이 이 금관처럼 영원히 빛나기를 바라는 마음을 담았어요.

신라 금관 공예 기술은 금을 다루는 기술뿐만 아니라 신라 사람들의 정신이 들어있어요. 금관 공예에는 과학, 예술, 장인의 혼이 들어있는 고대 기술이에요.

금관 공예 기술은 금이 가지고 있는 특성을 정확히 이해하고 만든 누금 세공 기술, 복잡한 합금 기술, 그리고 미세한 열처리 기술 등의 복합 기술로 만들었어요.

자연의 아름다움을 예술적 기술로 자연스러운 아름다움과 섬세함이 어우러진 디자인은 신라 예술의 자랑이에요. 현대 디자이너들도 감탄할 만한 아름다운 감각이 금관 곳곳에 스며들어 있어요.

금관에는 성스러운 뜻과 왕의 권위를 나타냈으며 불교의 가치를 표현한 것 또한 신라 사람들의 정신세계를 나타내고 있어요.

금관은 머리 장식만이 아니라 신라 사람들이 세상을 이해하고 우주와 소통하려 했던 상징물이었어요.

이처럼 신라의 금관 공예 기술은 신라 사회의 모든 능력과 힘이 모인 결과물이에요. 그들의 기술은 끊임없이 발전했고, 외부 문화를 수용하면서도 자신들만의 독창성을 가지고 지금도 공예 기술로 발달하고 있어요.

오늘날 우리가 박물관에서 마주하는 신라의 금관은 천오백 년의 시간을 넘어선 황금빛 메시지를 전달하고 있어요.

유물에는 우리 조상들의 뛰어난 기술력과 예술혼, 그리고 당시 사람들의 생활과 생각이 고스란히 담겨 있어요.

현대 기술로도 다시 나타내기 어렵다는 찬사를 받는 것은 우리가 과거의 유물을 보며 겸손해지고 더 나아가 새로운 생각을 얻을 수 있다는 것을 의미해요.

신라의 금관은 우리에게 묻고 있어요.

”당신들은 어떤 황금빛 유산을 만들어가고 있는가?“

고대 신라 사람들이 그러했듯 우리 또한 끊임없는 도전과 창의성으로 미래 세대에게 물려 줄 찬란한 유산을 만들어갈 책임이 있는 것이에요. 신라의 금관이 영원히 빛나는 것처럼 한국인의 기술과 예술 혼은 앞으로도 인류의 역사 속에서 영원히 빛날 것이에요.

제15편

세계 최초 목판 인쇄술

서기 751년, 통일신라의 수도 서라벌은 활기 넘치는 대도시이었어요. 당나라를 통해 들어온 새로운 상품이 넘쳐흘렀고 불교가 백성들의 생활 깊숙이 자리 잡고 있었어요.

하지만 여전히 많은 이들에게 지식과 깨달음은 멀리 있었죠. 일부 귀족과 소수의 승려만이 값비싼 손으로 쓴 불경을 가질 수 있었고 사람들은 그들이 말하는 대로 따라 해야 했어요.

글을 모르는 사람들은 아무것도 모른 채 살아가야 했어요.

아라는 금속 기술을 통해 새로운 시대 이야기를 들으며 모든 사람이 새로운 사회를 만들어 가면 좋겠다고 생각했어요.

아라는 조상으로부터 물려받은 뛰어난 손재주와 남다른 꿰뚫어 보는 능력을 지니고 있어 황룡사의 불상 주조에도 참여하며 당대 최고의 기술자들과 만나서 많은 이야기도 나누었어요.

"어떻게 하면 더 많은 사람이 불경을 보고 깨달음을 얻을 수 있을까?' 하는 고민에 빠졌어요.

어느 날, 아라는 한 나이가 많은 승려로부터 이런 이야기를 듣게 되었어요.

"부처님의 말씀은 마치 하늘에서 내리는 단비와 같아 모든 중생에게 고루 알려야 할진대, 어찌 일부 사람만 알고 있어야 하는가?"

수기

이 말은 아라의 마음에 깊이 파고들었어요.

손으로 쓴 필사본인 불경을 일부 승려들만이 알고 일반인들은 보지 못하는 안타까움을 해결할 수 있다면……. 많은 양으로 만들 수 있다면 좋겠다고 생각했어요.

그의 머릿속에는 어렴풋이 조상들의 금속 기술과 뭔가 새로운 것을 합하면 방법이 있을 것 같았어요.

아라는 밤낮으로 고민하며 새로운 기술을 찾았어요.

깊은 생각을 하다가 나뭇잎 위에 얼굴을 묻고 잠이 들었는데 자고 나니 얼굴에 나뭇잎 모양이 새겨진 것을 보고 아라는 손뼉을 쳤어요.

"바로 이거야, 나무판에 글씨를 새기면 되겠다!"

그날부터 나무판에 글씨를 새기는 작업을 시작했어요.

나무를 깎아 글자를 목판에 새기었는데 글자의 좌우가 바뀌어 찍히는 실패도 하고 나무판이 휘거나 갈라지는 문제가 나타났어요.

더구나 인쇄할 때마다 먹이 번지거나 글자가 뭉개지는 경우도 나타났어요. 아라는 매일 밤, 기름등잔 아래서 땀 흘리며 수많은 나무판을 깎고 먹물을 만들면서 그의 손에는 물집이 잡히고 어깨는 쑤셨지만, 사람들이 불경을 읽는 모습을 상상하며 포기하지 않았어요.

아라는 하나씩 문제점을 해결했어요.

여러 종류의 나무를 실험하면서 뒤틀림이 적고 섬유질이 고른 단단한 박달나무나 배나무를 선택했어요. 나무를 소금물에 담가 수액을 빼내고 그늘에서 오랜 시간 자연건조 시키는 과정을 거쳐서 뒤틀리지 않고 갈라지지 않는 나무판을 만들었어요.

나무의 결을 따라 완성된 목판은 옻칠이나 기름칠을 하여 습기와 건조함으로부터 보호하여 좋은 목판으로 오래도록 사용할 수 있게 하였어요. 목판 인쇄판은 지금도 사용할 수 있는 천년의 비결이에요.

인쇄에 적합한 먹물을 만드는 과정은 실패의 연속이었죠. 처음에는 단순히 먹을 갈아 사용했어요. 먹물이 너무 묽으면 글자가 번지고 너무 진하면 뭉쳐서 알아보기 힘들었어요.

아라는 다양한 재료를 섞어 먹물을 만들고 밝기를 조절하기 위해 수많은 실험을 반복했어요.

"소나무 송진을 사용해 보렴"

마을 노인이 밤낮으로 고생하는 아라를 보며 예부터 내려오는 방법을 알려 주었어요.

소나무 그을음으로 만든 송연묵은 문제점이 있었어요.

먹을 갈 때 물의 양과 아교와 같은 접착제의 비율을 조절하면 안정적인 먹물을 만들 수 있다는 것을 찾았어요.

한번은 먹물이 너무 묽어 인쇄된 글자가 흐릿하게 나와 수십 장의 종이를 버린 적도 있었어요. 또 다른 날은 먹물이 너무 진해 목판에 달라붙어 글자가 제대로 찍히지 않는 실패도 겪으면서 양을 조절하는 방법을 찾았어요.

아라는 매일 아침 먹을 갈며 그날 온도와 습도를 고려하여 물의 양을 조절했고 먹물의 점도를 손가락으로 직접 느끼고 때로는 먹어 보면서 가장 적합한 먹물을 만들었어요.

어느 때는 쌀뜨물이나 동물의 아교를 조금 넣어 먹물을 진하게 하여 뚜렷한 색을 만들기 위해 노력했어요. 이러한 수많은 실패를 통해 아라는 온도와 습도와 관계없이 일정한 품질의 인쇄물을 찍어낼 수 있는 먹물의 황금 비율을 찾아냈어요.

세계 최초 무구정광대다라니경 인쇄

오랜 연구 끝에 아라는 글자를 정확하게 뒤틀림 없이 인쇄할 수 있는 목판인쇄 기술을 완성했어요. 먹물의 밝기를 조절하고 종의 질을 생각하여 가장 적합한 인쇄 기술을 찾아냈지요.

마침내, 그는 무구정광대다라니경 인쇄에 성공했어요.

이 불경은 신라 불교의 중요한 경전이었고 당시 사람들이 읽고 싶어 하는 책이었어요.

무구정광대다라니경의 인쇄는 많은 분량 때문에 엄청난 목판이 필요했어요. 글자를 새기는 작업은 매우 뛰어난 집중력과 인내심이 필요했지요.

장인들을 모아 각자의 재능에 따라 어떤 사람은 나무를 다듬고 어떤 사람은 글자를 새겼고 어떤 사람은 먹을 갈고 종이를 준비했어요. 요즘처럼 일을 나누어 작업했지요.

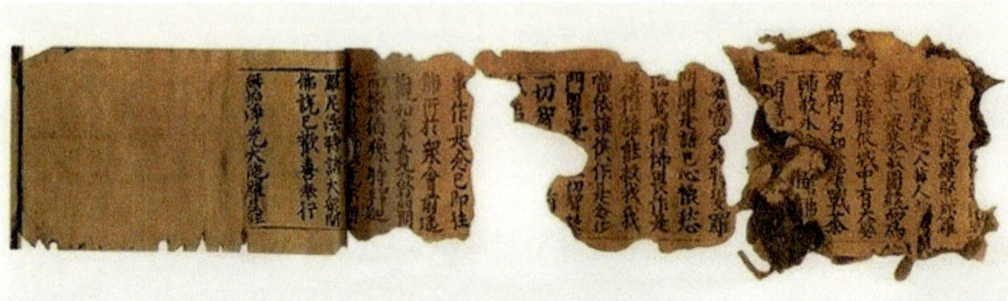

무구정광대다라니경

그들은 밤낮으로 인쇄소에서 구슬땀을 흘렸어요. 특히 인쇄 과정에서 잘못되거나 빠뜨리는 글자가 없도록 하는 것이 큰 문제였어요.

아라는 여러 번 잘못된 것을 바로잡는 일을 거치면서 완벽에 가까운 인쇄물을 만들어 내기 위해 노력했어요. 한 번은 글자 하나가 잘못 새겨져 모든 판을 다시 깎아야 할 위기에 처하기도 했어요.

"한 글자의 실수로 부처님의 가르침을 다르게 할 수 있다"

스님이 아라에게 말씀했어요.

한자도 틀리면 안 된다는 생각에 아라는 밤새도록 잘못된 글자를 고쳤어요. 잘못된 것을 쉽게 고치는 방법이 필요했어요. 한 글자 때문에 판을 바꿔야 하는 방식에서 글자만 바꾸는 인쇄 방법으로 바꾸었어요.

수많은 실패와 노력 끝에 완벽하게 인쇄된 무구정광대다라니경이 세상에 나왔어요. 인쇄된 불경은 필사본과는 비교할 수 없을 정도로 깔끔했고 글자가 일정했어요.

이 소식은 서라벌 전국으로 빠르게 퍼졌어요. 사람들은 앞다투어 불경을 보기 위해 모여들었고 글을 모르는 이들은 다른 사람의 목소리에 귀 기울여 부처님의 말씀을 들었어요.

아라는 인쇄된 불경을 널리 보급하기 위한 흥미로운 방법을 생각했어요. 사람들에게 보여주기 위해 시장 한가운데에서 인쇄소를 설치하고 불경을 인쇄하는 시범을 보였어요.

잉크가 묻은 목판에서 깨끗한 글자가 찍혀 나오는 모습을 보며 백성들은 마법과도 같다고 말했어요.

"신기하네. 붙였다 떼면 책이 만들어지네."

전국에 절과 서당에 인쇄된 불경을 널리 보내주며 글을 가르치는 사람들에게는 특별히 나눠주기도 했어요. 아이들을 위한 쉬운 불경을 만들어 그림과 함께 널리 사용하게 하였어요.

아라는 불경뿐만 아니라 유교 경전, 역사서, 심지어는 의학 서적까지 다양한 책들을 인쇄하여 백성들에게 널리 알리고 사용하게 하였어요.

아라의 인쇄술이 글을 읽거나 쓸 줄 모르는 사람들을 줄일 수 있었어요. 이전에는 상상할 수 없었던 지식을 널리 알렸어요. 백성들은 글을 배우고 책을 통해 새로운 정보를 알게 하며 세상에 대한 이해를 넓혀갔어요.

인쇄술의 발달은 과거의 풍습을 깨뜨리고 새로운 것을 찾는 방향이 되었어요. 책을 통해 많은 사람이 배울 수 있는 기회가 되었어요.

"뭐라고 쓰여 있는지 읽어 줘요?"

"나도 글을 배워야겠다."

책을 읽기 위해 글을 배우는 사람들이 늘어났어요.

인쇄술 덕분에 많은 사람이 지식을 얻게 되었고 어려서부터 공부하는 분위기도 만들어졌어요. 신라의 화랑정신이 모든 백성에게 심어지는 기회가 되었지요.

| 무구정광대다라니경 |

신라의 미래를 짊어질 인재 양성을 위해 각 지방에서는 서당이 늘어났고 많은 아이가 글을 배우고 책을 읽으며 꿈을 키웠어요.

인쇄물은 학문에 관심을 가진 백성들에게 지식과 정보를 공유할 기회를 만들었어요. 인쇄물을 읽기 위해 글을 배우는 사람들이 늘어났고 글을 모르는 사회에서 글을 배운 사람들의 지식도 늘어났지요.

이처럼 통일신라의 목판 인쇄술은 신라를 번영시켰고 세계 인쇄 역사의 방향을 만들어 주었어요. 신라의 목판 인쇄술은 후대의 인쇄 기술 발달에 큰 영향을 주었어요.

목판 인쇄술의 발달은 화랑도 교육에도 도움이 되었죠.

손으로 쓴 책에 의존하였던 교육이 목판인쇄를 통해 많은 양으로 인쇄되면서 화랑도에는 귀중한 서적이 되었지요.

화랑들은 무예도 익히면서 지적이고 도덕적인 품성을 갖춘 진정한 지도자로 성장하는데 목판 인쇄물은 매우 중요하게 사용되었어요.

인쇄물은 화랑들 간의 지식을 공유하게 했고 신라의 나라를 지키는 힘과 문화를 발전시키는 힘을 한 단계 끌어올리는데 도움이 되었어요.

오늘날 학생들이 같은 책을 읽으며 서로의 정보를 공유하듯이 화랑들도 책을 통해 함께 보고 학습할 수 있었지요.

인쇄를 통한 서적의 혁신

'무구정광대다라니경'은 세계 최고의 목판 인쇄물이죠. 인류가 손으로 쓰던 시대에서 벗어나 대량 생산의 시대를 열었어요.

"언제, 저 많은 글을 쓰지?"

"겨우 한 권 썼는데……. 어쩌나"

"오늘도 밤을 새워야겠네."

목판인쇄 기술은 책을 베끼어 쓰는 부담감을 사라지게 했어요.

"이번에는 역사서, 의학서를 만들어야겠다."

아라는 그동안 발명했던 첨성대의 별자리 이야기, 고구려 시대 외과도구 이야기 등의 역사서, 의학서도 쓰고 싶어졌어요. 목판 인쇄술을 발명하면서 있었던 목판 제작 이야기, 먹물 제조 방법을 찾으며 실패했던 이야기들도 사람들에게 기록으로 알려 주고 싶어졌어요.

인쇄물은 여러 권을 만들기 때문에 후대에 남기는 기록이에요.

요즘 일기를 모아서 재미있는 책으로 만드는 친구들을 보면 인쇄술을 발명한 선조들의 지혜를 배울 수 있어요.

신라의 목판 인쇄술은 이후 고려의 금속 활자 발명에도 영향을 주면서 세계 최초의 인쇄 기술을 발명한 나라가 되었어요. 동아시아 지역의 인쇄 기술 발달을 이끌면서 중국과 일본 등 주변국에도 영향을 주었고 유럽에도 인쇄술이 알려졌어요.

통일신라의 목판 인쇄술은 세계 최초의 발명이랍니다.

제16편

풍자와 웃음의 하회탈

아득히 먼 옛날, 단군왕검의 고조선이 드넓은 땅에 자리 잡던 시절부터 우리 민족은 웃음과 해학을 중요한 미덕으로 삼았어요.

웃음은 단순한 감정 표현이 아니었어요. 함께 어울려 즐기며 일하고 웃으며 인사하며 서로의 편안함을 빌던 풍습은 고조선 사회를 이끌어가는 힘이었지요.

오래전부터 즐겨온 강강술래처럼 손에 손을 맞잡고 밤새도록 돌며 부르던 노래와 춤 속에는, 팍팍한 생활의 고단함을 잊게 하는 즐거움과 서로를 보듬는 따스한 정이 가득했답니다.

고조선 사람들은 자연과 더불어 거친 들판을 개척하고 사나운 짐승과 맞서며 태풍, 홍수 등 자연의 피해를 대처해야 했어요. 이런 생활 속에서도 좌절하고 슬퍼하기보다 오히려 웃음과 익살로 어려움을 극복하는 지혜가 있었어요.

사냥에서 빈손으로 돌아온 날에도 '오늘 사냥감은 숨바꼭질을 잘하는구나! 내일은 꼬리까지 잡고 말리라!' 하며 너털웃음을 터뜨렸죠.

이러한 여유와 긍정적인 태도는 곧 민족의 새로운 생각으로 나타났어요. 문제를 새로운 시각으로 바라보고 해결책을 찾아내는 힘, 그것이 바로 한국민족의 웃음의 지혜이었어요.

하회탈

웃음 뒤에 숨겨진 탈

고조선 시대의 탈은 지금 우리가 아는 정교한 예술품과는 달랐어요. 처음에는 짐승의 뼈나 나무껍질, 혹은 짚으로 만든 간단한 형태였어요.

이처럼 처음에 만들어진 탈속에는 깊은 의미가 담겨 있었어요. 맹수의 모양을 한 탈은 사냥의 성공을 기원하고 사람의 얼굴을 닮은 탈은 조상의 영혼을 기리거나 귀신을 쫓는 데 사용되었지요.

밤이 되면 마을에 모여 탈을 쓰고 불을 피워 올리며 춤을 추고 노래를 불렀어요. 이는 나쁜 일을 물리치는 주문을 외우며 마을 사람들이 함께 즐기고 어울리는 축제였어요.

어느 해, 고조선 서쪽 변방의 한 마을에 지독한 가뭄이 들었어요.

곡식은 타들어 가고 냇물은 바닥까지 말랐어요. 마을 사람들은 절망에 빠졌어요.

그때, 마을의 가장 어른이신 '지혜로운 할아버지'가 나섰어요.

그는 밭에 널려 있던 마른 짚과 나무 조각들을 주워 와 탈을 만들기 시작했어요. 투박하게 만들어진 탈들은 어떤 것은 울상이고 어떤 것은 화가 잔뜩 난 표정이었고 또 어떤 것은 입을 크게 벌리고 비웃는 모습이었어요.

"할아버지, 지금 이런 걸 만들 때가 아니지 않나요?"

사람들이 걱정스럽게 물었어요.

"허허, 걱정 말거라. 이 가뭄이란 녀석은 우리가 슬퍼하면 더 신이 나서 우리를 괴롭히는 거야. 우리가 웃으면 이 녀석이 당황해서 도망갈지도 모르지!"

할아버지는 빙그레 웃으며 말했어요.

그날 밤, 마을 사람들은 할아버지가 만든 탈을 하나씩 썼어요.

그리고 각자의 탈 표정에 맞춰 춤을 추기 시작했어요. 울상 탈을 쓴 이는 온갖 우는 소리를 내며 밭을 갈았고, 화난 탈을 쓴 이는 하늘을 향해 주먹을 휘두르며 삿대질했지요.

가장 인기를 얻은 탈의 모습은 비웃는 탈을 쓴 사람들이었어요.

그들은 가뭄을 비웃듯 실없는 소리를 지껄이며 서로를 밀치고 넘어지는 우스꽝스러운 모습을 표현했어요.

처음에는 어색해하던 사람들도 이내 이 우스꽝스러운 광경에 웃음을 터뜨렸어요. 배꼽을 잡고 웃으며 서로를 보며 또 웃었어요.

그렇게 밤새도록 웃고 춤추고 노래했어요.

그런데, 신기하게도 다음 날 아침, 메마른 하늘에서 보슬비가 내리기 시작했어요. 사람들은 할아버지의 말처럼 가뭄이 자신들의 웃음에 당황해서 도망간 것이라고 믿었지요.

이후 마을에 어려운 일이 닥칠 때마다 탈을 쓰고 웃으며 이겨내는 지혜를 발휘했어요. 이것이 바로 고조선 시대부터 이어져 온 탈 문화와 해학의 뿌리였답니다.

6세기 신라의 미소

고조선 시대를 지나 삼국시대로 접어들면서 탈문화는 더욱 다양해지고 다양한 뜻을 담게 되었어요.

신라의 황금 문화가 꽃피우던 6세기에 예술적인 탈들이 만들어졌어요. 1964년 경주 노서리 고분인 호우총에서 발굴된 목심칠면 옻칠탈이 당시 탈의 모습을 알려 주고 있어요.

나무로 섬세하게 깎은 탈 위에 옻칠하고 눈에는 유리, 주변에는 황금색 원을 두른 아름다운 탈이에요.

삼국시대 사람들이 이미 탈을 예술 작품으로 생각하고 다양한 탈 모습에서 웃음과 지혜의 삶을 살아왔던 탈의 모습이에요.

우리 민족의 슬픔을 웃음으로 나타낸 탈 문화의 시작이었어요.

탈은 왕실이나 귀족의 행사뿐만 아니라 백성들의 생활에도 깊숙이 스며들어 있었어요.

고구려 고분 벽화에서도 외국인 모습의 탈을 쓰고 춤을 추는 그림이 있어요. 이때에도 탈이 다른 나라의 문화를 표현하거나 풍자하는 데 사용되었음을 알 수 있어요.

신라에서는 귀신을 쫓는 '방상시 탈'이 유행했지요.

탈은 나쁜 기운을 쫓는 주문보다 백성들의 슬픔과 기쁨을 담아내고 웃음으로 즐겁게 살아가는 방법이 되었어요.

엄격한 신분 사회 속에서 직접 불만을 표현할 수 없었던 백성들은 탈 뒤에 숨어 권력을 가진 사람들의 허세나 어긋난 행동을 비판하며 재미있는 웃음을 터뜨렸어요.

고려의 인쇄술과 웃음

고려 시대가 되면서 웃음의 재미는 더욱 커졌어요. 불교가 널리 퍼지고 문화가 꽃피우면서 사람들은 더욱 다양하게 생활의 즐거움과 지혜를 이야기 했어요.

목판 인쇄술 발달이 웃음의 해학 문화를 더욱 널리 알릴 수 있었어요.

글을 아는 사람들이 늘어나면서 사회의 다양한 사건이나 재미있는 이야기가 기록으로 만들어져 많은 사람이 재미있는 이야기를 함께 즐기게 되었어요.

이야기는 탈놀이의 거리가 되었지요.

사람들은 책을 통해 접한 새로운 이야기나 풍자를 탈놀음으로 나타내며 함께 웃고 즐겼어요.

고려의 길거리는 목판 인쇄본으로 퍼진 소설이나 시로 만들어진 연극이 유행했어요. 특히 양반들의 겉만 번지르르한 예절이나 백성의 재물을 빼앗는 횡포를 꼬집는 내용이 큰 인기를 끌었어요.

어느 날, 개경의 번화한 거리에서 '천하제일 풍자극'이라는 소문이 떠들썩한 탈놀음이 펼쳐졌어요.

이날의 주인공은 바로 '욕심쟁이 관리 탈'과 '꾀 많은 백성 탈'이었어요. 욕심쟁이 관리 탈은 커다란 배를 내밀고 거드름을 피우며 등장했어요. 그 탈은 탐욕스러운 표정으로 입가에 침까지 흘리는 듯했어요.

"백성들아! 어서 너희들의 세금을 바쳐라! 이 모든 것이 너희를 편안하게 하기 위한 것이니라.!"

욕심쟁이 탈은 쩌렁쩌렁한 목소리로 외쳤어요.

그러자 꾀 많은 백성 탈이 앞으로 나섰어요. 너덜너덜한 옷을 입고 있었지만, 눈빛은 번쩍였어요.

"나으리, 저희 백성들이 어찌 나으리의 큰 뜻을 모르겠사옵니까? 하지만 지금은 너무나도 가난하여 바칠 것이 없사옵니다. 대신, 제가 나리께 하늘의 지혜를 바치겠나이다."

관리 탈은 코웃음을 쳤어요.

"하늘의 지혜? 늙은이 헛소리인가? 좋다, 한번 들어보자!"

백성 탈은 이내 땅에 엎드려 큰소리로 기침하며 괴로운 표정을 지었어요. 그러더니 한참 후에야 겨우 일어나 말했어요.

"나으리, '비어 있는 곳은 채워지고 가득 찬 곳은 기울어진다.'라는 지혜이옵니다. 나으리의 곳간이 이미 넘쳐나니 이제는 조금 비우면 더 큰 복이 찾아올 것이 옵니다!"

관리 탈은 순간 당황했지만, 체면 때문에 화를 낼 수 없었어요.

"이 무엄한 녀석! 감히 나에게 지혜를 가르치려 드는가!"

그러자 백성 탈은 슬며시 미소 지으며 말했어요.

"나으리, 저는 단지 하늘의 뜻을 전했을 뿐입니다. 나으리의 지혜로운 판단에 맡기겠나이다."

사람들은 탈의 재치 있는 지혜에 통쾌함을 느꼈어요. 관리 탈은 결국 백성들의 비웃음 속에서 자신의 탐욕을 잠시나마 내려놓는 시늉을 해야 했지요.

이처럼 고려의 탈놀음은 목판 인쇄술의 발달과 함께 사회의 잘못된 점을 지적하는 풍자를 웃음의 재미로 풀어갔어요.

해학과 예술의 꽃 - 안동 하회탈

조선 시대로 이어지면서 해학과 탈 문화는 최고의 즐거움이었어요.

안동 하회마을에서 탄생한 하회탈은 한국인의 웃음과 슬기로운 지혜가 한데 모인 최고로 훌륭한 작품이에요.

하회탈은 그냥 가면이 아니에요.

탈마다 고유한 인물과 성격, 그리고 그 인물들이 엮어내는 조선 시대의 삶이 고스란히 담겨 있어요.

양반탈의 이중적인 표정, 선비 탈의 융통성 없는 학구열, 부네 탈의 건강한 매력, 초랭이 탈의 익살스러운 조롱, 백정 탈의 날카로운 풍자, 그리고 턱이 없어 더욱 애잔하면서도 변화무쌍한 표정을 지닌 이매 탈까지 모든 탈이 살아 숨 쉬는 듯한 표정을 지니고 있어요.

하회탈은 보는 방향에 따라 미묘하게 표정이 변하는 '웃는 듯 울고, 우는 듯 웃는' 보는 사람에 따라 다른 얼굴로 유명해요.

슬픔 속에서도 웃음을 찾아내고 웃음 뒤에 아픔을 숨기는 우리 민족의 여러가지 감성을 완벽하게 담아낸 탈이랍니다.

하회탈에 얽힌 허 도령의 이야기가 있어요.

신의 계시를 받아 마을의 평안을 위한 탈을 만들던 허 도령이 사랑하는 여인의 실수로 마지막 이매 탈의 턱을 완성하지 못하고 죽었다는 이야기에요.

탈은 삶과 죽음, 그리고 인간의 운명까지도 담아내는 놀이이었어요.

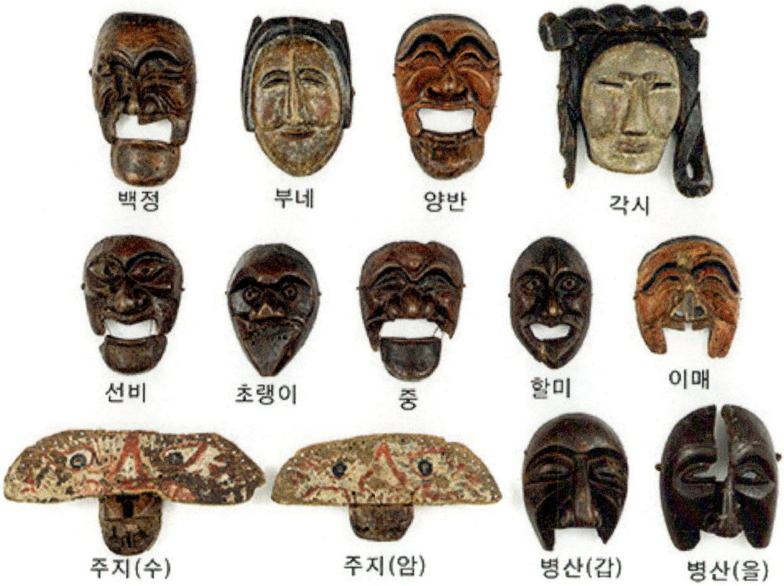

하회탈 종류

허 도령의 죽음 이후, 마을의 나쁜 운을 막기 위해 탈을 쓰고, 벌이던 하회별신굿탈놀이는 사람들의 아픔을 고쳐주고 사람들의 화합을 끌어내는 중요한 놀이로 자리 잡았답니다.

하회 탈놀이 속에서 사람들은 양반의 허세를 마음껏 조롱하고 불교의 법을 어긴 승려를 비웃으며 시대의 불평등과 도리에 어긋난 일을 거침없이 빗대어 비웃었어요. 이 웃음은 고통을 좋은 에너지로 만들고 사람들이 함께 문제를 적극적으로 나누며 해결책을 찾아내게 만드는 새로운 힘이었어요.

한국인의 해학은 단순한 웃음이 아니에요. 어떠한 고난과 역경 속에서도 긍정적인 마음을 잃지 않고 유머와 여유로움으로 삶의 지혜를 찾아내며 서로의 화합을 이끌어왔던 우리 민족의 여유와 창조성으로 세계적인 K-pop, K 문화를 만드는 DNA에요.

K-발명 역사이야기

제4부

백제 발명 이야기

제17편

흙으로 빚은 꿈, 백제 도자기

제18편

선진 백제 배를 만들어라!

제19편

연꽃 향기 백제금동대향로

제20편

해학의 뿌리 백제 기악 탈

제17편

흙으로 빚은 꿈, 백제 도자기

한반도에 고대 국가들이 움트던 시절, 백제는 기원전 18년 고구려 주몽(동명성왕) 아들 온조가 땅이 기름진 남쪽으로 내려와 만들었어요. 백제문화는 일본에 큰 영향을 주었는데 일본 설화에 일본이 온조왕의 후손이라고 말하기도 해요.

백제 도자기는 일본 도자기 문화의 뿌리에요.

백제는 북방의 고구려, 동남쪽의 신라와 함께 삼국시대를 이뤄 치열하게 경쟁하며 독창적인 도자기 역사를 만들었어요.

백제는 한강의 비옥한 토지와 서해를 통한 해상교통을 통해 일찍부터 중국 남조와 활발히 왕래했어요.

화려하고 정교한 기술이 필요한 도예 공예품으로 백제는 뛰어났어요. 지리적, 외교적 특성 덕분에 백제는 삼국 중에서 가장 먼저 받아들여 국제적이고 세련된 문화를 만들었어요.

백제토기

7세기 초, 백제금동대향로와 같은 작품은 당시 백제 도공들의 뛰어난 아름다움과 오랫동안 온 마음과 힘을 기울인 작품으로 훌륭한 정신을 보여주는 유산이에요.

모방에서 창조

중국 남조의 화려하고 정교한 자기는 백제 사람들에게 깊은 인상을 줬어요. 도자기를 단순한 생활용품에서 국가 위엄성과 왕실의 권위를 상징하는 예술품이라고 생각했어요.

백제 사람들은 주로 나라끼리 사고팔거나 바꾸는 물건 중에서 도자기를 새롭게 만들었어요.

고구려와 신라가 튼튼하고 편리한 점을 중시한 토기 만들기에 머물러 있을 때 백제는 한 단계 더 나아가 진흙의 규소를 높은 온도에서 구워내 더욱 단단하고 아름다운 도자기를 만들고자 노력했지요.

백제는 세계적인 사물을 보는 지혜와 끊임없이 최고를 추구하는 왕실의 의지는 도자기 기술 발달의 중요한 기회가 되었지요.

백제 도공들은 시대 필요에 따라 전혀 새로운 기술을 개발했어요.

그들은 흙의 성질을 연구하고 다양한 유약 재료를 실험하며 가마의 온도 조절 기술을 최고로 높였어요.

그 결과, 고구려의 투박한 토기와 신라의 견고한 토기보다 훨씬 더 섬세하고 아름답고 화려한 곡선과 정교한 모양을 지닌 백제만의 독창적인 도자기를 만들었어요.

백제 수도 사비성 근처에 '사비'라는 도공이 살고 있었어요. 사비는 손재주도 좋고 머리도 뛰어났어요. 도공들이 만드는 도자기가 뭔가 부족하다고 생각했어요.

'사비'는 남다른 재능과 열정을 지니고 있었어요. 그의 손에서 빚어진 도자기들은 마치 살아 숨 쉬는 부드러운 곡선과 자연의 아름다움을 담아낸 정교한 모양으로 사람들을 놀라게 했어요.

사비는 불의 성질을 누구보다 잘 이해하여 흙과 불이 만나 빚어내는 오묘한 색의 변화를 자유자재로 다루는 기술이 있었어요.

그의 작업실은 늘 호기심이 많은 도공들과 기술을 배우러 오는 젊은이들로 북적였어요.

"사비님, 오늘도 배우러 왔습니다."

"어서 오세요. 같이 만들어 봅시다."

사비는 찾아오는 도공들과 좋은 흙을 찾아 도자기를 빚는 데 몰두했어요. 그의 남다른 호기심은 흙을 다루는 기술보다 흙의 성질을 이해하려고 노력했어요.

흙과 불이 가지고 있는 신비로운 세계에 빠졌어요. 웅진의 왕실 가마터에서 흙을 빚고 있던 그는 예쁜 그릇을 만드는 것에 만족하지 못했어요. 늘 더 완벽하고 더 아름다운 도자기를 향해 있었지요.

"이보다 더 예쁜 색은 없을까?"

"좋은 흙을 찾아야겠다."

사비는 좋은 흙을 찾으러 사방을 다녔어요.

규소의 발견

어느 날, 사비는 새로운 가마터를 찾다가 강가에서 유난히 반짝이는 회백색의 모래를 발견했어요. 오늘날 반도체에도 사용되는 규소를 발견한 것이지요.

지금까지 사용하던 흙과는 다르게 햇빛에 반사되는 그 모래는 마치 작은 수정 조각들이 박혀 있는 듯했어요.

곧바로 이 모래가 특별한 그것으로 생각했어요. 조심스럽게 모래를 캐서 자신의 작업실로 가져왔어요.

사비는 이 모래를 기존의 흙과 섞어 도자기를 빚어 보았어요.

예상치 못한 일들이 벌어졌어요. 모래가 너무 많아 흙이 푸석거려 형태를 잡기 어려웠고 유약이 제대로 붙지 않아 도자기 표면이 거칠어 망치기도 했어요.

동료들은 사비가 쓸데없는 짓을 한다고 비웃었어요.

"사비, 자네 미쳤는가? 멀쩡한 흙을 두고 웬 이상한 모래인가!"

하지만 사비는 포기하지 않았어요. 그는 불의 온도를 달리 해보고 흙과 모래의 양을 바꿔가며 수많은 실험을 거듭했어요.

그러던 어느 날, 기적 같은 일이 일어났어요.

가마 문을 열었을 때, 빛나는 푸른빛의 잔이 모습을 드러냈어요. 그 잔은 어떤 도자기보다도 매끄럽고 단단했어요. 지금까지 만들었던 어떤 도자기보다도 투명하고 매끄러웠지요.

잔에 빛을 비추자 은은한 광택이 흘렀어요.

"와우!"

도자기 표면은 돌처럼 단단했고 물을 담아도 전혀 스며들지 않았어요. 마치 살아있는 보석을 보는 기분이었지요.

사비는 이 '숨은 빛'을 지닌 모래가 도자기를 더욱 단단하고 아름답게 만드는 '요술'을 부린다는 것을 알았어요.

그는 이 모래를 '단단함을 더하는 흙'이라는 뜻으로 불렀어요.

훗날 서양의 과학자들이 규소(Silicon)라고 이름 붙인 그 원소가 사비의 손끝에서 도자기를 빛나게 만들었어요.

그 반짝이는 모래 속의 규소는 1,000℃ 이상의 고온에서 유리가 되어 녹아내려 다른 광물들과 결합하며 도자기를 더욱 단단하고 아름답게 만들었던 것이지요.

손가락으로 가볍게 도자기를 튕기자, 맑은 옥구슬 소리가 났어요. 규소의 양을 조절함으로써 흙이 고온에서 유리처럼 단단해져 흙이 유리처럼 만들어진 것이었어요. 사비는 마침내 흙 속의 비밀을 손에 쥐게 되었지요.

사비가 규소로 만든 도자기들을 왕실에 바치자, 왕과 귀족들은 놀랐어요.

"아니, 이렇게 아름다울 수가!"

"이게 도자기란 말인가?"

"하늘이 내리신 도자기네!"

일반 도자기보다 가볍고 단단하면서도 섬세한 모양의 백제의 도자기는 더욱 귀한 대접을 받았어요.

이처럼 규소는 도자기를 강하고 맑게 만들어 예술적 가치를 높이는 마법의 원료이었어요.

사비의 끊임없는 실험과 실패 속에서 발견한 이 작은 비밀이 백제 도자기 문화의 위대한 시작을 알리는 신호탄이 되었지요.

잊힌 흙의 맛, 찰진 점토의 기적

어느 날, 왕실 행사에 쓸 도자기를 만들기 위해 며칠 밤낮으로 흙을 반죽하던 사비는 너무 피곤해서 지쳐 버렸지요. 그는 흙덩이를 큰 항아리에 담아두고 잊어 버렸어요.

바빴던 그가 한 달 후 다시 항아리를 찾아갔어요. 항아리 속의 흙은 마치 꿀처럼 부드럽고 찰기가 넘치는 상태로 변해 있었어요.

사비의 어린 제자 돌쇠가 놀랐어요.

"아이고, 스승님! 이 흙은 썩어버린 것 아닙니까?"

사비는 그 흙을 만져보고는 감탄했어요.

"바로 이거야!"

한 달 사이에 흙이 미세한 크기로 서로 엉겨 붙어 더욱 끈끈해져 있었던 것이에요. 사비는 이 경험을 통해 점토를 일정하게 습도와 온도를 조절하면 도자기를 만들기 좋은 흙이 된다는 숙성기법을 개발한 것이지요.

숙성된 흙은 작업 중 갈라지지도 않았고 물레 위에서도 부드러운 곡선을 만들었어요. 누구도 생각하지 못했지만, 사비는 오랜 도전으로 흙을 변화시키는 새로운 숙성기법을 찾은 것이에요.

"스승님, 이 흙은 꼭 엿가락처럼 찰집니다."

라며 돌쇠는 놀라움에 점토를 들었어요. 숙성된 흙으로 원하는 형태를 자유롭게 만들 수 있는 기술을 가지게 되었어요.

물레 위의 춤, 혼을 담는 손끝

사비의 기술은 그릇 만들기에 머물지 않았어요. 그는 더 얇고 더 가볍고 더 정교한 도자기를 만들고 싶었어요.

기존 물레는 느리고 둔하여 섬세한 형태를 만들기 어려웠지요. 사비는 물레의 돌아가는 위치를 바꾸고 발로 굴려 속도를 조절하는 방법을 수없이 반복하며 물레기술을 개발했어요.

처음에는 물레가 너무 빨리 돌아 도자기가 순식간에 무너져 내리기 일쑤였지요.

"또 무너졌네."

그는 빙글빙글 도는 물레만큼이나 머리가 어지러웠어요. 하지만 끝까지 몸의 중심을 잡는 연습을 거듭했어요.

마침내 그의 손끝은 물레의 속도와 완벽한 조화를 이루게 되었어요. 얇은 종이처럼 얇은 도자기를 빚어낼 수 있게 되었지요.

수십 개의 똑같은 모양의 잔을 순식간에 만드는 최고 수준에 이르렀어요. 그의 손은 흙에 혼을 불어넣는 마법의 손이 되었지요.

사비는 실패하면서도 한 번도 포기하지 않았어요. 그때마다 무엇 때문인가를 꼼꼼히 찾아서 하나씩 해결했던 것이 백제 도자기를 가장 아름다운 도자기로 만든 비결이었어요.

백제 무왕(재위 600~641)은 일본과 왕래하면서 일본에 백제 도자기 기술을 가르쳐주는 것을 허락했어요. 이후 의자왕(641~660) 때 백제 도자기 기술은 일본으로 많이 전했어요.

백제 도공들은 일본에 건너가 가마 기술, 유약 제조법, 점토 숙성법 등을 가르쳐 주었어요. 특히, 백제의 규소 혼합의 고온에서 형태가 바뀐

| 백제도자기 |

후에도 본래의 모양으로 돌아가지 않는 기술은 일본 도자기의 변형됨이 없이 오래 견디는 성질과 아름다움으로 만들었어요.

백제 도자기의 부드러운 곡선과 정교한 문양은 일본 초기 도자기의 형태와 장식에 큰 영향을 주었어요.

이때가 백제금동대향로가 만들어지던 때와 비슷해요.

흙 속에는 규소와 같은 다양한 광물이 들어있어요. 사비처럼 관심을 가지고 주변에 필요한 새로운 재료가 있는지 찾아봐요. 관심을 가지고 관찰하여 새로운 도자기를 만들어 봐요.

제18편

선진 백제 배를 만들어라!

백제 제26대 성왕이 즉위한 지 10년째 되던 해, 사비성에 파견된 일본 사신단의 얼굴에는 실망감이 가득했어요. 그들은 백제의 발전된 물건들을 보면서 자신들의 배가 너무나 형편없다고 생각했어요. 일본을 대표로 온 사신단 표정은 부러움과 초조함이었어요. 성왕은 그들의 눈빛을 보며 일본보다 앞선 백제의 새로운 기술을 생각했어요.

"일본이 상상하지 못하는 것을 만들어야겠다!"

성왕은 즉시 조정 대신들을 불러 모아 명령을 내렸어요.

"우리 백제는 예로부터 해상 무역을 통해 번성해 왔다. 이제부터는 중국과 일본보다 앞선 배를 개발하여 우리가 바다를 지배하는 강자가 되어야 한다. 이를 위해, 그 어떤 배보다 빠르고 튼튼한 배, 많은 사람과 물건을 실을 수 있는 '백제선'을 만들라!"

이 명령은 배에 대한 긍지를 강조하는 것이었어요.

당시 백제는 고구려와 신라 사이에서 새로운 길을 찾아야 했지요. 고구려 때문에 육로가 막힌 상황에서 바다는 백제에게 유일한 길이자 발전의 기회였지요.

성왕은 새로운 백제 배는 백제의 문화와 기술을 전 세계로 뻗어 나가게 할 '움직이는 궁전'이 될 것이라 확신했어요. 그러나 새로운 백제 배를 만드는 일은 쉬운 일이 아니었어요.

성왕은 전국에서 이름난 목수와 장인들을 사비성으로 불러 모았어요. 백제 배를 새롭게 만들려면 해결해야 할 산더미 같은 문제들이 많았어요. 중국 배는 이미 발전되어 있었지만, 거친 서해의 물살과 바닷물 흐름을 견디기엔 부족했어요.

백제 배의 탄생

백제 사비성 외곽의 조선소. 묵직한 망치 소리와 톱질 소리가 온종일 끊이지 않는 그곳에서 목수들은 땀을 뻘뻘 흘리며 거대한 배를 만들고 있었어요.

그들은 백제 최고의 목수 기술을 가진 사람들과 배를 만드는 경험과 지식을 가진 조선공들이었어요. 설계자 사비는 설계 도면을 펼치고 그들에게 설명했어요.

"이 배는 물건만을 싣고 가는 배가 아닙니다. 멀리 일본 땅까지 우리 백제의 문화와 기술을 실어 나를 것이니 그 무게를 견디려면 더 크고 튼튼해야 합니다."

사비는 젊었지만, 백제 최고의 배를 만들겠다는 성왕의 마음을 담아 밤낮으로 도면에 매달렸어요. 그는 중국의 선진 기술과 고구려 배의 날렵함을 합쳐 만드는 동시에 거친 서해의 바닷물을 견딜 수 있는 백제만의 독특한 설계를 생각했어요.

고구려의 배들은 날렵하고 빨랐지만, 오직 군사의 목적으로만 사용되어 화물을 실어 옮기는 능력은 매우 떨어졌어요.

백제 장인들은 중국 배와 고구려 배의 문제점을 해결하는 데 집중했어요. 실패를 반복하면서 기술을 쌓아 갔지요.

"멀리 가려면 튼튼한 나무를 쓰도록 합시다."

"많은 짐을 싣는 공간도 만듭시다."

사비는 배를 만들기 위해 모인 조선공들의 각자 경험과 기술을 들으며 선체, 갑판, 용골, 뱃머리, 선미 등으로 일을 나누었어요.

5개 조로 조장을 만들어 매일 진행되는 내용을 협의했지요.

"이보게, 사비! 이렇게 거대한 배는 처음이야. 자네의 도면을 보니, 저기 저 기둥 하나가 우리 모두의 키보다 더 크니 말일세!"

그는 'U'자 모양의 배 뼈대와 촘촘하게 엮은 배의 내부 구조로 만들었어요. 이 기술은 배가 파도에 흔들리는 것을 가장 적게 하고 안정적으로 항해를 할 수 있게 했어요.

하지만 작업은 늘 순탄치 않았어요. 거대한 나무를 옮기다 중심을 잃어 큰 사고가 날 뻔한 적도 있었고 겨울에는 손이 꽁꽁 얼어 연장조차 제대로 쥘 수 없었어요.

그때마다 사비는 동료들에게 말했어요.

"이 고생이 헛되지 않을 것이네. 우리 후손들은 바다 위를 빨리 달리는 이 배를 보며 백제의 위대함을 기억할 것이네!"

그의 말에 모두가 다시 힘을 냈어요. 그들의 손에서 깎여 나가는 나무 조각 하나하나에는 백제의 미래와 희망이 담겨 있었지요.

마침내, 오랜 연구와 실패를 반복하면서 독특한 설계로 백제 배를 만들었어요.

넓고 튼튼한 뱃머리는 거센 파도를 가르며 나아갔고 부드러운 곡선은 물의 힘을 아주 적게 받도록 했어요.

| 백제선 |

중국의 발달된 목재 가공 기술을 합하고 두 개의 나무 기둥을 겹쳐 배를 튼튼하게 만드는 백제 기술을 이용하여 더욱 강하고 단단하게 만들었어요.

"와우! 멋지네."

배가 완성되자 사람들은 혀를 내둘렀어요.

그 모습은 마치 거대한 용이 바다 위를 날아가는 듯했지요.

백제 배는 기존의 배보다 훨씬 많은 사람과 물건을 실을 수 있었고 매우 빨랐어요. 특히, 배의 바닥을 'U'자 형태로 만들어 거친 파도에도 흔들림 없이 안정적으로 항해할 수 있도록 만들었지요. 이 기술은 당시 어느 나라도 따라올 수 없는 백제만의 앞선 기술이었어요.

백제 배는 바다 위를 누비는 '백제의 사절단'이 되었어요.

가장 활발했던 항로는 백제에서 중국의 산둥반도를 거쳐 양쯔 강 하구까지 이어지는 노선과 일본 규슈 지역으로 향하는 노선이었어요. 이 항로들은 활발한 무역로였어요.

백제 배는 금과 은, 비단 같은 귀한 물품뿐만 아니라 백제의 우수한 건축 기술과 불교문화 그리고 뛰어난 예술품들을 싣고 바다를 건너 일본에 알렸어요.

일본으로 향하는 백제 배가 하는 일은 눈부셨어요.

당시 일본은 백제의 선진 문물을 배우고자 하는 열망이 매우 컸지요. 백제 배는 성왕이 보낸 불교 경전과 불상, 건축 기술을 담은 설계도와 장인들을 일본에 전했어요.

이때부터, 일본에서는 백제식 사찰과 건축물이 지어지기 시작했고 불교가 빠르게 퍼질 수 있었어요.

백제 기술자들이 지은 호류지와 아스카데라는 오늘날까지도 백제 건축 기술의 우수성을 증명하는 유산으로 남아 있어요.

일본에 불교가 국교로 자리 잡은 것도 백제 배로 쉴 틈 없이 불교문화를 널리 퍼뜨린 덕분이었죠.

고구려 배가 빠른 이동으로 영토를 지키고 신라의 배가 삼국 통일 후 불교를 전하고 퍼뜨린 일과 육지로 물건을 실어 나르는 데에 주로 사용되었다면 백제 배는 '문화와 기술의 교류'라는 새로운 길을 열었어요.

백제의 장인들은 배를 만드는 기술을 뛰어넘어 바다를 통해 문명과 문명을 잇는 '연결자'의 일을 훌륭히 해냈지요.

노리사치계가 일본 땅에 전한 '작은 부처님'

552년. 마침내 사비가 만든 거대한 배에 노리사치계라는 백제의 사신이 올라탔어요.

그는 성왕이 일본의 긴메이 천황에게 보낸 사절단이었지요.

백제무역선

배 안에는 불교 경전과 함께 금동으로 빛나는 작은 불상 한 구가 고이 모셔져 있었어요. 노리사치계는 이 불상을 '백제의 혼'이라 불렀어요.

일본 땅에 도착한 노리사치계는 긴메이 천황에게 불상과 경전을 전달했어요.

"이것은 모든 번뇌를 초월하신 분의 모습으로 이 가르침을 믿으면 무한한 복덕을 얻을 것입니다"라고 천황에게 설명했어요.

당시 일본에는 불교가 낯선 존재였어요.

천황은 불상을 보고 감탄했지만, 대신들은 의견이 많았어요.

당시 일본에는 수많은 신을 숭배하고 있었어요.

"우리 신의 노여움을 살까 두렵습니다!"

라며 반대파의 목소리가 터져 나왔어요.

결국, 천황은 불상을 받기는 했으나 사찰을 짓지 못하고 불상을 오랜 지병을 앓던 대신에게 전하며 시험해 보라고 했지요.

노리사치계는 난처했어요.

백제의 위대한 가르침이 개인적 일로 시험받는다는 것이 못내 화가 났어요.

그때, 한 젊은 일본 관리가 재미있는 제안을 했어요.

"사신께서는 신기한 기술을 지닌 분이라 들었습니다. 우리에게 배를 만드는 기술을 가르쳐 주시면 저희가 그 불상을 공경할 수 있도록 돕겠습니다!"

노리사치계는 속으로 웃었어요.

'성왕께서 배 기술을 가르쳐 주기로 허락하셨으니, 이참에 재미있는 내기를 한번 해보자.'

그는 젊은 관리에게 다가가 말했지요.

"좋소. 내가 배를 만드는 기술을 알려주지. 대신, 한 가지 조건을 걸겠소. 내가 이 배를 타고 다시 백제로 돌아갈 때 당신들이 만든 배가 내 배를 따라올 수 없다면 불교를 진심으로 받아들여야 하오."

일본의 젊은 관리들은 자신만만했어요.

백제 기술을 배우면 백제 배를 뛰어 넘는 배를 만들 수 있다고 생각했지요. 그것은 그들의 착각이었어요.

백제 배는 기술이 모인 게 아니라 사비와 같은 수많은 장인의 땀과 혼이 깃든 작품이라는 것을 몰랐던 것이에요.

그 후 몇 달간, 노리사치계는 일본의 목수들에게 배 만드는 기술을 가르치며 그들의 재능에 감탄하기도 하고 엉뚱한 실수에 웃음을 터뜨리기도 했지요.

마침내, 노리사치계가 백제로 돌아가는 날. 백제 배 옆에는 일본 목수들이 만든 배가 서 있었어요.

출발을 알리는 징이 울리고 두 배가 동시에 바다를 향해 나아갔어요. 노리사치계가 탄 백제 배는 거센 물살을 가르며 유유히 나아갔지만 일본 배는 파도에 심하게 흔들리며 속도가 점점 느려졌어요. 뒤늦게 그들은 백제 배에 숨겨진 과학기술과 장인 정신을 깨달았어요.

바다 위에서 손을 흔들며 멀어지는 노리사치계의 모습을 보며 일본의 관리들은 약속대로 깊이 머리를 숙였지요.

그 후, 노리사치계가 전해준 '작은 부처님'을 위한 사찰이 일본 땅에서 지어지기 시작했어요.

백제 배는 바다를 통해 새로운 세계를 열었던 백제의 심장으로 문화와 믿음을 실어 나르는 위대한 항해의 시작을 열었던 것이에요.

백제 배는 힘과 위엄을 과시하기 위한 것이 아니라 문화를 나누고 기술을 널리 알리며 인류의 역사를 한 단계 더 나아가게 한 위대한 항해의 기록이었어요.

285년, 백제의 박사였던 왕인은 일본 천황의 초빙으로 통나무를 엮어 만들어 도자기와 철공 기술자를 태우고 천자문 1권, 논어 10권을 가지고 건너갔어요. 천황 태자의 사부로 일본에 살면서 도자기 등 백제문화를 보급했어요. 이처럼 백제는 일본 도자기 문화의 뿌리랍니다.

제19편

연꽃 향기 백제금동대향로

6세기, 성왕은 백제문화를 다시 번성할 것을 꿈꾸었어요. 불교를 높여 소중히 여기고 백성을 하나로 모아 나라의 기틀을 다지려고 했지요. 그는 화려한 사찰을 짓고 백제의 아름다움과 정신을 담은 불교 공예품을 만들려고 했어요.

백제 사비성 한구석, 눅눅한 땅속 깊이 박힌 흙벽돌 불가마 작업장에서 뜨거운 불꽃이 쉼 없이 솟아올랐어요. 붉게 달아오른 쇳물과 구리 덩어리가 뿜어내는 열기 속에서 사비는 땀방울을 뚝뚝 흘리며 망치질하고 있었지요.

그의 눈빛은 끓어오르는 쇳물처럼 뜨겁게 빛났어요. 백제 최고의 도공, 사리 장인은 밤을 지새우며 대장간 작업을 했어요.

"스승님, 이번엔 무엇을 만드시길래 이렇게 온 힘을 다해 마음을 쏟으십니까?"

옆에서 풀무질하던 제자 미노리가 궁금해서 물었어요.

미노리는 타고난 재능과 성실함으로 남달리 사랑을 받는 기술자였어요.

사비는 망치질을 멈추고 이글거리는 용광로를 보며 말했어요.

"성왕 폐하께서 새로운 백제의 정신을 담을 그릇을 만들라 명하셨단다. 공예품이 아니라, 백제인의 염원과 부처님의 가르침이 깃든 살아 숨 쉬는 보물을 만들 것이다."

백제 특유의 아름다움을 표현할 수 있는 모양은 무엇일까?

그의 머릿속에 연꽃과 봉황, 늙지 아니하고 오래 사는 뜻을 가진 향로가 떠올랐어요.

"이 향로에는 봉래산의 신비로운 정기와 용의 힘찬 기상, 그리고 불교의 평화로움을 모두 담아야 한다. 그 속에 백제의 혼이 깃든 오직 백제만이 만들 수 있는 아름다움이어야 한다."

사비의 말에 미노리는 존경이 가득한 눈빛으로 스승을 바라보았어요. 스승은 기술자일 뿐만이 아니라, 불교 경전과 도교 사상에도 훤히 아는 훌륭한 학자이자 예술가라는 것을 알고 있었지요.

❙ 백제금동대향로 구조 ❙

섬세함을 담는 백제의 지혜 기술

거대한 향로를 만들기 위해서는 최고급 재료와 최고의 기술이 필요했어요. 사비는 우선 향로의 몸체를 만들 구리와 주석, 납 등을 정교한 양으로 섞었어요. 그것은 쇳물에 생명을 불어넣는 연금술과도 같았어요.

"형태를 무엇으로 만들까?"

"그렇지 밀랍을 써 봐야겠다!"

가장 먼저 시작된 것은 밀랍으로 원형을 만드는 작업이었어요.

꿀벌이 벌집을 만드는 위해 나오는 밀랍을 녹여 깨끗하게 걸러내고 작은 양의 송진을 섞어 밀랍을 조절했어요. 너무 무르면 형태를 만들기 어렵고 너무 단단하면 조각하기 힘들다는 것을 알고 있었지요.

"미노리, 이 밀랍 조각 하나하나에 우리의 염원을 담아야 한다. 봉황은 왕실의 권위와 백제의 번영을 상징하고 연꽃은 부처님의 자비와 백성들의 평안을 뜻한다. 그리고 이 산봉우리들은 평범한 산이 아니다. 신선들이 사는 봉래산이다."

사비는 향로의 전체적인 틀을 흙으로 단단하게 잡은 후, 그 위에 부드럽게 가공한 밀랍으로 봉황, 연꽃잎, 산봉우리, 신선, 상상 속 동물 등을 섬세하게 조각했어요. 그의 손끝은 마치 살아있는 생명을 불어넣는 듯, 밀랍 조각 하나하나에 친근함과 생동감이 나타났어요.

사비는 조각할 때마다 설명했어요. 미노리는 스승의 설명을 들으며 예술의 세계를 이해했어요. 특히 봉황의 깃털 하나하나, 연꽃잎의 미세한 곡선까지 밀랍으로 표현하는 사비의 기술은 놀랍고 신기했어요.

사비의 고뇌: 균열과 새로운 발견

어느 날, 향로의 복잡한 구조를 밀랍으로 만드는 과정에서 문제가 발생했어요. 봉황의 날개와 산봉우리, 그리고 연꽃잎의 연결 부위가 너무 가늘고 복잡하여 밀랍이 깨지기 일쑤였어요.

사비는 며칠 밤낮을 고민했어요. 단순히 밀랍을 섞는 방법을 바꾸는 것만으로는 해결하기 어렵다는 것을 알았어요.

그때 미노리가 조심스럽게 의견을 내었어요.

"스승님, 예전에 흙으로 솥을 만들 때 고운 모래를 섞어 흙을 단단하게 만들지 않았습니까? 밀랍에도 무언가 고운 가루를 섞으면 어떨까요?"

사비는 미노리의 말에 무릎을 쳤어요.

그는 곧바로 강가에서 가져온 고운 백사장 모래를 떠올렸어요.

사비는 고운 모래, 규소를 밀랍에 조금 섞어 보았어요. 놀랍게도 밀랍은 이전보다 훨씬 단단해지고 차지고 끈끈하게 되어 섬세한 조각을 하는데 훨씬 쉬웠어요. 깨지기 쉬웠던 부분들도 한층 단단해졌어요.

"오, 미노리! 너는 실로 뛰어난 제자다! 이 작은 돌멩이들이 밀랍에 이토록 큰 힘을 줄 줄이야!"

사비는 미노리의 발견에 크게 기뻐했지요. 이는 백제 장인들이 경험을 통해 얻어낸 지혜로 점차 재료에 대한 이해를 높여갔음을 보여주는 모습이었어요.

그들은 '규소'라는 현대적인 단어는 알지 못했지만, 규소의 특별한 성질을 이용해 밀랍 주조를 완성할 수 있었어요.

밀랍 조각이 완성되자 사비는 다시 진흙으로 덮어 거푸집을 만들었어요. 이때 사용된 흙 역시 잘 고른 고운 점토에 모래를 섞어 열에 강하고 줄어들지 않도록 만들었어요.

거푸집을 뜨거운 불에 구워 밀랍을 녹여냈어요. 이 과정에서 만약 거푸집에 금이 가거나 모양이 변하면 모든 노력이 헛수고가 되었어요.

마침내 밀랍이 녹아내린 공간 속으로 사비는 준비된 청동 합금을 조심스럽게 부어 넣었어요. 붉게 달아오른 쇳물이 거푸집 속으로 흘러 들어가는 순간 팽팽한 긴장감으로 가득 찼어요.

며칠 후, 사비는 조심스럽게 거푸집을 깨뜨렸어요.

먼지가 걷히자, 밀랍 주조법으로 만들어진 정교하고 아름다운 백제 금동대향로의 화려한 모습이 나타났어요.

영롱한 금빛의 비밀

이제 남은 것은 금을 입히는 작업이었어요. 금빛을 입히는 작업은 최고의 기술이 필요했어요.

사비는 순수한 금을 곱게 갈아 수은과 섞어 만드는 '아말감'이라는 반죽을 만들었어요. 수은은 금을 녹이는 성질이 있어 금과 수은을 섞으면 마치 진흙처럼 부드러운 상태가 되었어요. 이 아말감을 청동 향로 표면에 고루 바른 후, 다시 불에 달구어 수은을 연기로 날아가게 만들었어요.

"미노리, 이 작업은 매우 위험하단다. 수은은 독성이 강하니 연기를 마시지 않도록 조심해야 한다. 그리고 불의 세기를 조절하는 것이 가장 중요하다. 너무 뜨거우면 금이 타버리고 너무 약하면 수은이 완전히 증발하지 않아 금이 제대로 붙지 않는단다."

사비는 미노리에게 조심, 조심하라고 말했지요.

아말감 도금은 불과 수은을 다루는 매우 능숙한 기술이 필요했어요. 사비는 향로를 큰 화로 위에 올리고 주변에 바람이 들어오지 않도록 막은 후 서서히 불을 지폈어요.

붉은 불길 속에서 수은이 연기로 변해 증발했어요. 이때 발생하는 수은 증기는 매우 치명적이었기에 장인들은 숨을 참고 빠르게 작업을 진행해야 했어요.

뜨거운 불길 속에서 수은이 증발하며 향로 표면에 영롱한 금빛이 입혀졌어요. 향로의 몸체는 황금빛으로 빛나며 신비로운 기운을 내뿜었지요. 봉황은 더욱 생생하게 날개를 펼치는 듯했고 연꽃잎은 금방이라도 피어날 듯했어요.

잊지 못할 밤: 아말감 도금의 위기

어느 날 밤, 아말감 도금 작업이 한창일 때였어요. 갑자기 강한 바람이 불어와 작업장 문이 활짝 열렸어요. 순간 불의 온도가 급하게 낮아지면서 수은 증발이 잘 안되어 향로 표면의 금빛이 고르지 못하고 얼룩덜룩해지기 시작했어요.

"안 돼!"

사비는 급히 외치며 문을 닫았지만 이미 일부는 손상된 후였어요. 그는 향로를 식힌 후 아말감을 바르고 도금 작업을 다시 했어요.

그러나 이미 한번 수은 증발이 불안정했던 탓이라 금이 깨끗하게 입혀지지 않았어요.

미노리는 스승의 얼굴에서 깊은 좌절감을 보았어요. 그는 스승의 오랜 노력이 한순간에 물거품이 될까 두려웠어요. 그때 사비는 잠시 눈을 감고 깊은숨을 내쉬었어요.

"미노리, 포기란 없다. 백제금동대향로는 우리 백제의 혼을 담는 그릇이다. 완벽하지 않으면 안 된다."

사비는 향로의 손상된 부분을 다시 정밀하게 다듬고 남아 있던 최고급 금과 수은으로 새로운 아말감을 만들었지요. 그는 이번에는 더욱 세심하게 불의 온도를 조절하며 작업했어요. 땀방울이 비 오듯 흘렀고 얼굴은 붉게 달아올랐지만, 그의 손은 흔들림이 없었어요.

밤새도록 이어진 작업 끝에 마침내 향로의 표면은 다시 완벽하고 영롱한 금빛으로 빛나기 시작했어요.

백제금동대향로의 제작은 10여 년 만에 만들어졌어요. 수많은 실패를 겪었지만, 사비와 그의 제자들은 포기하지 않았어요. 마침내 향로가 완성되던 날 사비성에는 축하하는 폭죽이 터지고 백성들의 환호성이 울려 퍼졌어요.

백제금동대향로는 그야말로 매우 뛰어난 아름다움을 자랑했어요.

높이 64cm, 무게 11.8kg. 봉황이 날개를 펼친 모습의 뚜껑 위에는 봉황 한 마리가 우뚝 서 있고 그 아래에는 우리나라 다섯 개 산을 표현하는 다섯 개의 봉우리가 우뚝 솟아 있었어요.

5단 산봉우리에는 신선, 새, 코끼리, 호랑이 등 상상 속 동물들이 자유롭게 노닐고 있고 몸체는 활짝 핀 연꽃잎으로 장식되었고, 받침대에는 용 한 마리가 몸을 웅크린 채 향로를 받들고 있었어요.

❙ 백제금동대향로 ❙

신선 17인과 악사 5인 등이 새겨진 향로의 내부에는 향을 피울 수 있는 공간이 있어요. 향을 피우면 봉황의 입을 통해 연기가 뿜어져 나와 마치 봉황이 살아 숨 쉬는 착각을 일으켰어요.

바다를 건너 일본으로 간 금빛 기술

백제금동대향로가 완성되고 몇 년 후, 백제와 일본의 거래는 더욱 활발해졌어요. 성왕은 백제의 선진 문물을 일본에 전파하여 백제의 이름을 높이고자 했어요. 당시 일본에는 금동 기술이 발달하지 못했기에 백제의 기술은 일본에는 놀랍고 신기한 것이었어요.

백제금동대향로의 정교한 기술과 예술성은 일본의 아스카 시대 불교 공예품 제작에 백제의 주조 기술과 장식 방법이 영향을 주었어요.

제20편

해학의 뿌리 백제 기악 탈

고구려, 신라, 백제 삼국의 치열한 전투에 지친 시대에 성왕은 고구려와 신라의 위협에서 백성들에게 웃음과 위안을 주기 위해 기악이라는 가면극을 도입했어요. 이는 백제의 해학 정신을 담은 국민 예술로 발전했어요.

26대 성왕은 웅진에서 사비성으로 수도를 옮긴 백성의 마음을 하나로 모으고 중국과 일본에 백제의 수준 높은 문화를 알릴 방법을 찾고 있었어요. 그때, 중국 오나라에서 건너온 '기악'이라는 가면극 이야기를 들었어요.

성왕은 곧바로 느꼈지요.

'저것이다! 백제인의 해학과 흥을 담아내어 온 백성이 즐길 수 있는 가면극을 만들면 그 어떤 칼보다 강하게 백제의 정신을 드높일 수 있으리라!'

성왕은 당시 손기술이 뛰어난 사비를 불렀어요.

"사비야, 자네의 그 기가 막힌 손기술로 죽은 나무에 혼을 넣어 주게나."

백제 사비성 외곽, 묵직한 망치 소리와 톱질 소리가 온종일 끊이지 않는 곳에서 목수들은 땀을 뻘뻘 흘리며 거대한 배를 깎고 있었어요. 그들에게 성왕께서 내리신 임금님의 명령은 특별했어요.

바로 '춤추는 얼굴', 즉 탈을 만드는 것이지요.

유석근 제작 백제기악탈

배를 만드는 거친 나무가 아닌 인물의 표정을 섬세하게 조각할 수 있는 오동나무와 소나무를 찾아냈어요. 가볍고도 단단하여 정교한 조각이 가능하고 습기에도 강해 오래 보존할 수 있는 나무였어요.

사비는 처음에는 인물의 얼굴을 사실적으로 표현하는 데 집중했어요. 하지만 어느 순간, 백제인의 해학은 슬프고 기쁨을 녹여낸 풍자와 익살이라는 것을 생각했어요.

"탈은 단순히 얼굴을 가리는 것이 아니네. 탈을 쓰는 순간, 그 사람은 세상의 모든 억압과 시름을 벗어던지고 자유롭게 날아오르는 것이지!"

어느 날, 제자 중 한 명이 콧잔등에 땀방울이 송골송골 맺힌 채 사비에게 물었어요.

"선생님, 이 탈은 어찌 이리 눈썹 한 올, 입술의 곡선 하나까지 살아 있는 듯합니까?"

사비는 빙긋 웃으며 대답했어요.

"배를 만들 때는 거친 파도를 이겨낼 견고함을 생각했지만, 이 탈을 만들 때는 사람의 마음을 어루만질 부드러움을 생각한단다. 슬픔 속에서도 한 줄기 빛을 찾고 어려움 속에서도 웃음을 잃지 않는 우리 백제인의 마음을 담는 게지."

사비성 탈 작업장에는 언제나 활기가 넘쳤지만, 오늘은 왠지 모르게 무거운 기운이 흘렀어요. 최고 목수 사비의 얼굴에는 좀처럼 보기 힘든 매우 고민하는 모습이 보였어요.

성왕께서 백성들의 웃음을 위해 기악 탈을 만들라 명하셨고 그중에서도 양반을 묘사한 탈과 백성의 슬프고 기쁜 일을 담은 탈에 특별히 공을 들이라 하셨기 때문이었어요.

"선생님, 이 양반탈이 여간 어려운 게 아닙니다. 양반의 위엄을 표현하려니 딱딱해지고 재미있게 만들려니 품위가 사라지는 듯합니다."

사비의 손에는 갓을 쓴 형태의 나무 조각이 들려 있었어요. 처음에는 양반의 점잖고 위엄 있는 모습을 그대로 새기려 했지요. 반듯한 코에 굳게 다문 입술, 권위를 드러내는 눈매, 하지만 사비는 아무리 깎아도 마음에 들지 않았어요. 살아있는 얼굴이 아니었지요.

"양반이라 하여 늘 점잖기만 하겠나? 그들도 사람이거늘, 어찌 완벽하기만 하겠는가?"

사비는 망치를 들고 과감하게 탈을 깎아 나갔어요. 반듯했던 코는 비뚤어지고 점잖던 입은 한쪽으로 일그러졌지요. 눈매는 한껏 치켜 올라갔지만, 어딘가 모르게 허술하고 어리숙한 표정이었어요.

그렇게 탄생한 양반탈은 위엄과 허세가 뒤섞인 어딘가 모르게 우스꽝스러운 표정을 짓고 있었지요.

이 탈을 본 사람들은 배를 잡고 웃었어요. 감히 직접 대놓고 풍자할 수 없었던 양반들의 교양 없고 명예만 생각하는 모습을, 탈을 통해 마음껏 비웃을 수 있었기 때문이었지요. 이 양반탈은 권위에 대한 풍자와 해학이 어우러진 백제 기악 탈의 중심이 되었어요.

양반 탈 작업이 끝난 후, 사비는 이제 백성의 슬픔과 기쁨을 담은 탈을 만들기 시작했어요. 그의 머릿속에는 굶주림에 지친 백성의 모습, 고된 노동에 허리 굽은 노인의 모습, 그리고 삶의 고통 속에서도 희망을 잃지 않는 아이들의 모습이 스쳐 지나갔어요.

"이 탈에는 백성들의 눈물이 담겨야 하네. 하지만 그 눈물 속에서도 한 줄기 웃음과 희망이 비쳐야 하네."

사비는 작업실 한편에 놓인 백성들의 낡은 신발과 닳아빠진 농기구들을 한참 동안 바라보았어요. 그는 단지 슬픈 표정의 탈을 만드는 것이 아니었어요. 백성들은 삶이 아무리 고달파도, 작은 것에 감사하며 웃음을 잃지 않는 강인함을 가지고 있었기 때문이었지요.

그는 탈의 눈매를 아래로 처지게 하여 고단함을 표현했지만 입꼬리는 미묘하게 위로 올렸어요. 비록 주름이 깊게 파였지만 그 안에 삶의 지혜와 끈기를 담았어요.

가장 어려웠던 부분은 탈의 색을 칠하는 것이었어요. 백성들의 얼굴은 햇볕에 그을리고 흙먼지로 뒤덮여 있었기에 평범한 색으로는 그들의 삶을 담아낼 수 없었어요. 사비는 흙과 풀뿌리를 갈아 넣고 심지어는 자기 피를 한 방울 섞어 넣는 시도까지도 했어요.

어느 날, 한 제자가 허름한 옷차림의 노인이 작업장 문을 살며시 열어보는 것을 보았어요. 노인은 사비가 깎고 있던 백성 탈을 한참 동안 물끄러미 바라보았지요. 사비가 고개를 들자, 노인의 눈가에 잔잔한 눈물이 고여 있었어요.

“내 평생을 흙과 함께 살아왔는데… 내 얼굴이 저 탈속에 그대로 들어있는 듯하오. 고단하지만 그래도 살아갈 만한 마음이 보이오.…”

노인은 말을 잇지 못하고 고개를 끄덕였어요. 그 순간, 사비는 자신이 제대로 된 탈을 만들고 있음을 확신했어요.

이렇게 만들어진 것이 백제 기악 탈이었어요.

표정은 과장되었으나 그 안에 삶의 기쁘고 노엽고 슬프고 즐거움이 고스란히 담겨 있었지요. 삐뚤어진 입과 눈매는 양반에 대한 풍자와 서민들의 슬픔과 기쁨을 동시에 담아내어 보는 이로 하여금 절로 웃음 짓게 했어요.

백제 기악 탈은 곧 백성들 사이에서 큰 인기를 얻었어요. 농사일의 고단함을 잊고 신분 차별의 설움을 잠시나마 내려놓을 수 있는 여유를 가지는 시간이 되었지요.

문화의 꽃, 백성들의 행복을 춤추게 하다

백제 기악 탈은 백제인의 모습이었어요. 탈 쓰고 춤추는 놀이는 양반의 말과 행동이 다른 것을 풍자하면서 탈을 통해 억눌린 감정을 풀고 서로의 마음을 이해했어요.

가면 뒤에 숨어 자유롭게 목소리를 내고 춤과 노래로 기쁘고 화나고 슬프고 즐거움을 표현하는 행동은 백성들에게 크나큰 행복과 해방감을 안겨주었지요. 당시 엄격했던 신분 사회에서 찾아보기 힘든 백성들의 표현이었어요.

이러한 해학과 풍자의 정신은 이후 봉산탈춤, 양주별산대놀이와 같은 한국 전통 탈춤의 중요한 뿌리가 되었어요.

특히, 안동 하회마을의 하회탈이 백제 기악 탈의 영향을 받아 그 특유의 재미와 풍자적인 미소를 가지고 있다고 해요.

백제 기악 탈의 형태와 해학은 오랜 세월을 거쳐 변화하고 발전하며 한국 탈문화의 뿌리가 되었지요. 이처럼 백제 기악 탈은 한국 가면극의 중요한 시초이자, 한국인의 정서와 해학을 담아내는 예술 형식으로써 그 가치를 인정받고 있어요.

백제 기악 탈이 지닌 서민적인 성격과 흥, 해학의 정신은 오늘날 전 세계를 휩쓰는 K-POP과 같은 한국 대중문화의 뿌리가 되었어요.

❙ 이한수 제작 백제기악탈 ❙

인종과 언어를 넘어 모두가 함께 즐기고 공감하며 때로는 사회적 메시지를 전달하는 K-POP의 특징은 백제 기악 탈에서 유래된 한국인의 DNA에요.

백성들에게 즐거움을 주고 함께 소통하며 공감하는 문화가 바로 백제 기악 탈부터 이어져 내려왔어요.

일본에 전수한 미마지의 백제 기악 탈

백제 무왕 13년, 무왕은 백제문화의 위상을 높이고 불교와 예술을 통해 일본과의 외교 관계를 강화하려고 미마지를 문화사절단으로 파견했어요.

미마지는 일본 사쿠라이 지역에 머물며 소년들에게 기악무를 가르쳤고 이는 일본의 기가쿠라는 가면극의 기원이 되었어요.

일본서기에 미마지가 백제에서 온 인물로 오나라에서 기악무를 배워 일본에 전한 것으로 기록되어 있어요.

당시 일본은 백제의 선진 문물을 배우려는 열망이 대단했고 특히, 흥미로운 공연 예술에 관한 관심이 높았어요. 미마지는 기악을 가르치면서 탈을 만드는 기술과 탈에 담긴 백제인의 해학 정신까지 전달하려고 노력했어요.

미마지가 처음 일본에 도착했을 때, 일본의 궁정에서 첫 공연에 앞서, 직접 백제 탈을 꺼내 보여주었지요. 그중에는 눈썹이 한껏 치켜 올라간 '우스개 탈'과 입이 크게 벌어진 '웃음 탈'이 있었어요.

"여러분. 이 탈들은 얼굴만을 가리는 것이 아닙니다. 이 탈을 쓰는 순간, 여러분은 평소에 하지 못했던 말도 할 수 있고, 마음껏 웃을 수도 있습니다!"

미마지는 직접 우스개 탈을 쓰고 익살스러운 몸짓으로 춤을 추기 시작했어요. 처음에는 어리둥절하던 일본 사람들도 점차 미마지의 유머에 빠져들었지요.

미마지는 일본 제자들에게 직접 나무를 깎는 법을 가르쳤는데 제자들은 섬세한 기술이 부족해 종종 탈의 코를 부러뜨리거나 눈을 너무 작게 깎아 버리곤 했어요.

"자네의 탈은 코가 너무 낮군! 마치 납작한 만두 같지 않은가?"

미마지가 농담조로 말하면 제자들은 얼굴을 붉히면서도 깔깔 웃었어요.

"하지만 선생님, 이렇게 코가 낮으니 더 정겹고 재미있어 보입니다!"

미마지는 탈을 통해 소통의 중요함을 강조했어요.

"이 탈들은 그저 나무 조각이 아니오. 탈속에는 웃음도 있고, 슬픔도 있고, 그리고 사람을 이어주는 따뜻한 마음이 담겨 있다오."

미마지의 노력 덕분에 백제 기악 탈은 일본에서 기악이라는 이름으로 크게 유행하기 시작했어요. 그는 일본 나라 지역에 살면서 츠미다라는 지역에 백제 기악 연구소를 설립하여 제자를 가르쳤고 일본의 궁정 음악과 춤에도 영향을 미쳤어요. 특히 일본 고유의 가면극인 노와 교겐의 발생에 큰 영향을 주었어요.

백제기악탈은 후대 작가들의 다양한 작품으로 만들어졌어요.

백제 사자놀이 탈

K-발명 역사이야기

제5부

고려 발명 이야기

제21편

푸른 꿈을 빚다! 고려청자

제22편

세계 최초 금속 활자 직지 발명

제23편

세계 최초 다연발 로켓, 신기전

제24편

세계 최초 화포 해전

제21편

푸른 꿈을 빚다! 고려청자

고려청자의 아름다운 푸른색은 어떻게 만들어졌을까?

서기 918년. 새로운 나라, 고려의 기틀을 다지던 태조 왕건은 혼란한 시대를 바로잡고 고려를 강한 나라로 만들고자 고민했어요. 호적들을 합하고 백성의 마음을 얻고 나라의 통치를 잘하여 다양한 지역 세력을 합하는 방법이 필요했어요.

그는 문화와 기술의 중요성을 깊이 깨닫고 있었어요.

당시 중국 송나라는 도자기 기술이 눈부시게 발전하여 황실과 귀족들 사이에서 비취색을 띠는 청자가 크게 유행하고 있었지요.

왕건은 고려만의 독창적인 색상을 만들 생각을 했어요.

"송나라의 청자보다 더 아름답고, 우리 고려의 정신을 담아낼 수 있는 도자기를 만드는 거야"

왕건은 고려를 편안한 나라로 만들려고 했어요.

"그렇지, 우리 고려인의 예술성으로 위상을 드높이고 후대에도 자랑스럽게 전해질 유산이 될 것이야!"

그리하여 왕건은 전국의 뛰어난 도공들을 불러 모았어요.

왕건은 흙과 불에 대한 깊은 지혜를 가진 젊은 도공 아록에게 중요한 임무를 내렸어요.

"아록아, 너에게 명하노니, 우리 고려의 하늘과 강산을 닮은 푸른빛 도자기를 만들어라. 너의 이름처럼 푸른빛이 나는 세상에 없는 아름다운 청자를 만들어 고려의 미래를 밝혀다오!"

왕건의 엄한 명령에 아록의 어깨는 무거웠지만 그의 마음속에는 고려의 번영을 향한 푸른빛을 찾겠다는 강한 열정이 불타올랐어요.

아록에게 고려청자는 특별한 도자기였어요. 그것은 왕건이 원하는 백성들의 안정과 예술을 나타내는 방법이었어요. 고려만의 청자를 만드는 것은 나라의 미래였고 자신의 이름처럼 간절한 바람의 꿈이었어요.

비색의 비밀: 아록의 끝없는 실험

고려청자의 가장 큰 특징은 바로 신비로운 비색이지요.

마치 에메랄드빛 바다를 담은 듯, 때로는 맑은 하늘을 닮은 청자색은 어떻게 만들어졌을까요?

ㅣ고려청자ㅣ

여기에는 철분을 아주 작은 양의 흙과 장인들의 능숙하게 굽는 기술이 숨어 있어요. 그리고 아록이 푸른빛을 품은 고려청자를 만들기까지의 흥미로운 이야기가 있답니다.

왕건의 명을 받은 아록은 비색을 만들기 위해 밤낮으로 실험에 온 정신을 쏟았어요. 전국 각지의 흙을 모아 불에 구워보고, 유약을 수없이 바꿔가며 가마 온도를 조절했어요.

하지만 아무리 노력해도 그가 꿈꾸는 푸른빛은 나오지 않았어요.

흙은 붉게 변하거나 탁한 회색빛을 띠었고 아록은 깊은 좌절감에 빠졌어요.

그러던 어느 날 밤, 지쳐 잠이 든 아록의 꿈속에 한 여인이 나타났어요. 그녀는 은은한 회색빛 도자기를 들고 있었는데 놀랍게도 그녀는 오래전 고구려에서 도자기를 만들었던 도공 아리였어요.

아록은 먼 옛날 아리의 후손이었어요.

아리는 따뜻한 미소로 아록에게 말했지요.

"흙에는 저마다의 이야기가 담겨 있단다. 그 이야기를 귀 기울여 듣고, 불의 성질을 찾아서 조화롭게 다루어야 비로소 진정한 빛깔을 낼 수 있는 거야."

아리는 고구려 사람들이 흙 속의 철 성분을 어떻게 다루었는지, 그리고 가마의 불을 어떻게 조절하여 독특한 회색빛 도자기를 만들어냈는지 이야기해 주었지요.

"푸른빛은 흙 속의 철이 만들어내는 신비로운 조화이니 너무 강렬한 불이 아닌 은근한 불로 그 기운을 만들어야 할 것이야. 너의 이름처럼 푸른 염원을 담아 흙을 빚고 불을 다스리면 반드시 그 빛을 얻을 것이다."

꿈속에 아리의 이야기가 아록의 귓전에서 맴돌았어요.

꿈에서 깨어난 아록은 아리의 가르침을 떠올리며 다시 작업에 열중했어요. 아리가 알려 준 대로 철 성분을 가진 흙을 신중하게 골라 반죽하고 이전과는 다른 방식으로 가마의 불을 조절하기 시작했지요.

고려청자의 비색을 만드는 데 있어 흙을 빚는 기술만큼이나 중요한 것이 바로 도자기를 굽는 기술이에요.

고려의 도공들은 고대부터 이어져 온 가마 기술을 발전시켜 유약을 녹이고 원하는 색깔을 얻기 위한 세심한 온도 조절과 산소를 조절하는 기술을 만들어내는 데 성공했지요.

비색을 만들어낸 후에도 아록은 더 완벽한 청자를 만들기 위해 끊임없이 기술을 연구했어요. 가마 속 온도를 섭씨 1,200도 이상으로 높여서 그 온도를 일정하게 유지하는 것도 어려웠지만 가장 골치 아픈 건 바로 환원 공간을 만드는 일이었어요.

환원 공간이란 가마 안의 산소를 부족하게 만들어 흙 속의 철분 성분이 푸른색을 띠게 하는 기술이었어요.

어느 추운 겨울밤, 아록은 제자들과 함께 가마 곁을 지키고 있었어요. 가마 속 청자들이 푸른색을 띠기 시작해야 할 중요한 순간이었죠. 그런데 갑자기 가마의 불길이 심상치 않았어요. 가마 안으로 너무 많은 공기가 들어가 환원 분위기가 깨지고 있었던 것이에요.

당황한 제자들이 허둥대는 사이, 아록은 침착하게 가마의 아궁이 문을 닫아버렸어요. 그러자 가마 안의 불길은 더욱 거세지기는커녕, 오히려 연기가 자욱하게 피어오르기 시작했어요.

“스승님! 불이 죽어가고 있습니다!”

한 제자가 외쳤어요. 아록은 미소를 지으며 말했어요.

"아니다. 지금 불은 잠시 숨을 고르는 중이다. 저 연기가 바로 우리가 기다리던 푸른빛의 숨결이니라."

아록은 가마의 숨구멍을 흙으로 막고 장작 대신 젖은 나뭇가지나 풀을 넣어 연기를 더 많이 나게 했어요. 가마 속은 순식간에 자욱한 연기로 가득 찼고, 불은 마치 잠자는 듯 고요해졌지요.

제자들은 불안했지만, 아록은 가마의 작은 구멍을 통해 안을 들여다보며 만족스러운 미소를 지었어요.

다음 날 아침, 가마의 불이 완전히 꺼진 후, 떨리는 마음으로 가마 문을 열었을 때 모두의 입에서는 놀라운 소리가 나왔어요.

어제까지만 해도 불안했던 청자들이 마치 깊은 바다 속에서 막 건져 올린 듯 더욱 영롱하고 신비로운 푸른색을 띠고 있었던 것이에요.

심지어 어떤 청자에는 은은한 안개처럼 연기 흔적이 남아 있어 더욱 아름다움이 빛났어요.

알고 보니, 아록은 급격하게 들어온 산소를 막고 연기를 이용해 사람의 힘으로 산소가 부족한 환원 분위기를 최대한으로 만들었어요.

수많은 실험을 거듭한 끝에 드디어 가마 문을 열던 날, 아록은 눈앞에 펼쳐진 광경에 숨을 쉴 수조차 없었어요.

그토록 갈망했던 맑고 은은한 회백색의 푸른빛 도자기가 영롱하게 빛나고 있었어요.

마치 새벽하늘의 푸르름을 그대로 담아낸 듯 신비로운 색깔이었어요.

"감사합니다. 감사합니다."

꿈속에 조상 아리가 가르쳐 준 결과가 나타났어요.

아록은 왕건의 염원과 자신의 이름을 나타나는 푸른빛이 마침내 현실이 되었음에 깊이 감사했어요.

그 아름다운 푸른빛을 비색이라 이름 붙였어요.

이렇게 고려청자는 세상에 그 아름다운 모습을 드러냈어요.

아록은 고려 최고의 도공으로 이름을 떨치게 되었답니다.

천 년의 예술, 11세기 상감 기법의 탄생

고려청자 하면 빼놓을 수 없는 것이 바로 상감 기법이에요.

도자기 표면에 문양을 새기고 그 안에 다른 색깔의 흙을 메워 넣어 그림을 그리는 이 기법은 고려청자만의 특별한 아름다움을 나타내지요. 이 기법이 어떻게 탄생했는지, 흥미로운 이야기가 있어요.

어느 날, 아록 후손의 제자 중 한 명이 실수로 아직 굽지 않은 청자 표면에 날카로운 도구로 흠집을 내고 말았어요.

"아이쿠, 큰일 났다. 스승님이 보시면 어떻게 하나!"

크게 낙담한 제자는 스승에게 혼날까, 두려워 망설였어요.

스승은 온몸을 움츠리고 있는 제자가 만지고 있는 도자기의 흠집을 유심히 살펴보았어요.

"맞아, 바로 저거야!"

문득, 스승은 그 흠집에 흰 흙을 넣어 무늬를 만들어 보면 어떨까 하는 기발한 생각이 떠올랐어요.

그는 제자에게 흠집을 따라 섬세하게 홈을 파고 그 안에 하얀 흙을 정성껏 메우도록 지시했어요.

제자는 두려움 속에서 스승이 지시하는 대로 조심스럽게 홈을 꼼꼼히 다듬어 가마에 넣었어요.

다른 도자기와 함께 구워낸 결과, 흠집은 아름다운 하얀 선으로 빛나며 푸른 청자와 조화를 이루고 있었어요.

이 우연한 시도가 바로 고려청자 상감 기법의 시작이 되었어요.

우리는 전해져 내려오는 이 이야기를 통해 고려인들이 얼마나 창의적이고 예술적인 감각을 지녔는지 알 수 있어요. 그들은 실패를 두려워하지 않고 오히려 새로운 것을 발견하는 데 집중했어요.

조선백자 밑거름이 되다.

고려청자는 고려 시대 이후 등장한 조선백자의 발전에도 큰 영향을 주었어요. 비록 형태와 색깔은 달랐지만, 고려청자의 뛰어난 기술과 아름다운 감각은 조선백자 시대로 이어져 더욱 정교하고 다양한 백자를 탄생시키는 씨앗이 되었지요.

오늘날 우리가 자랑하는 한국 도자기 예술의 뿌리에는 바로 고려청자가 자리하고 있는 것이에요.

고려청자는 12세기부터 13세기까지 송나라를 비롯한 이웃 나라뿐 아니라 멀리 아랍 세계와 서양에까지 그 아름다움을 널리 알렸어요.

특히 송나라의 문인 태평노는 고려청자의 비색을 “천하제일”이라고 극찬하며 그 가치를 높이 평가했어요. 고려청자는 고려인들의 예술혼과 뛰어난 기술력이 합해진 명품 중의 명품으로 인정받았어요.

오늘날 고려청자는 전 세계인에게 한국의 아름다움을 알리고 있어요. 섬세한 문양, 우아한 곡선, 그리고 신비로운 비색은 시대를 초월하여 많은 사람에게 깊은 감동을 주고 있지요.

고려청자는 우리 민족의 뛰어난 예술의 훌륭한 힘을 보여주는 증거이자, 세계 문화유산으로서 그 가치를 높이 빛내고 있어요.

고려청자는 고조선과 고구려로부터 이어져 온 우리 민족의 오랜 도자기 전통에서 태조 왕건의 생각과 아록을 비롯한 고려인들의 꿈과 열정, 그리고 끊임없는 도전이 만들어 낸 살아있는 역사이에요.

고려청자는 우리 민족의 아름다운 혼이 담긴 천 년의 이야기가 숨쉬고 있답니다.

| 고려청자 |

제22편

세계 최초 금속 활자 직지 발명

고려의 직지심체요절은 1377년, 32대 우왕 3년에 만들어진 세계 최초의 금속 활자 발명이에요. 금속 활자 발명은 인류 문명을 새롭게 만든 위대한 발명품이에요. 고려 불경을 시작으로 많은 정보가 백성들에게 알려졌어요.

고려의 금속 활자 기술은 유럽으로 보급되어 78년 뒤, 쿠텐베르그에 의하여 성서가 인쇄되어 인류 문명을 빠르게 변화시키는 힘이 되었어요.

대량으로 생산하는 인쇄술은 많은 사람들에게 글을 읽거나 배울 수 있게 해주었고, 일부 사람들만이 차지했던 정보를 많은 백성들도 쉽게 배울 수 있는 기회가 생겨 교육을 근본적으로 크게 바꾸게 되었어요.

고려는 사람들에게 인쇄술로 배울 기회를 만든 최초의 국가예요.

고려 말, 나라는 힘든 상황에 빠져 있었어요. 힘이 센 왕족과 높은 벼슬아치들은 자기 욕심 때문에 평범한 백성들의 삶을 힘들게 했어요. 여기에 왜구와 홍건적이 쳐들어와 나라의 땅까지 빼앗아 갔어요.

우왕은 떨어진 왕실의 권위와 흉흉한 민심을 안정시키려고 고민했어요. 주변에 믿을 수 있는 신하를 찾기도 어려웠어요.

혼란 속에서 민심을 하나로 모으고 나라의 규율과 법을 바로잡을 방법을 찾고 있을 때 우왕의 귓전을 두드리는 소리가 들렸어요.

이때, 백운화상이 선종 석가모니 가르침을 엮은 『직지심체요절』이 있었어요. 우왕은 책의 가르침을 널리 보급하여 백성들의 마음을 다잡고 혼란한 백성의 마음을 안정시키려 했어요.

"전국의 인쇄 장인, 조각가들을 부르도록 하시오."

왕의 명령에 따라 전국 각지의 인쇄 장인, 조각가들이 개경으로 모여들었어요.

우왕은 직지심체요절을 백성들에게 보급할 방법을 찾으라고 명령했어요.

"한 장씩 찍어내는 방법이 아니라 여러 장을 찍어내는 방법을 찾아보아라."

그들은 능숙한 솜씨로 목판인쇄를 해왔지만 많은 양을 만들기에는 어려움이 있었어요. 목판은 한 장씩 찍어내야 하는 방법이라 한판에 글자를 새기려면 시간이 걸렸어요.

한번 새기면 한 글자가 틀려도 전체를 다시 새겨야 해서 고치는 것이 어려웠고 목판을 여러 번 찍으면 글자가 닳아서 없어지고 깨져서 품질이 떨어졌어요.

목판인쇄

목판인쇄는 많은 양의 책을 빠르게 찍어내기에는 문제가 있었지요. 왕의 명령으로 모인 장인들은 서로 얼굴을 쳐다보며 아무 말도 하지 못했어요. 많은 양을 만드는 방법을 개발하기 위해 장인들은 깊이 생각하며 서로의 경험만을 이야기했어요.

이때, 뛰어난 인쇄술을 가지고 있던 '흥덕'이라는 장인이 나섰어요. 그는 평소에 목판인쇄의 문제를 절실히 느껴 새로운 방식을 생각하고 있었어요.

흥덕 장인이 왕에게 말씀드렸어요.

"전하, 목판인쇄로는 백운화상님의 깊은 뜻을 담은 직지를 만백성에게 속히 전하기 어렵습니다. 목판이 아닌 낱개의 글자를 만들어 맞추어서 인쇄하는 새로운 방법을 찾아야 합니다!"

그의 의견은 바로 금속 활자 발명이었어요.

철기, 청동기 도구를 사용해 왔던 조상들의 다양한 발명품을 보면서 목판보다 금속 활자가 오래 사용할 수 있다고 생각했어요.

흥덕은 낱개의 점토 활자나, 목각 활자보다 금속 활자를 만들어 맞추면 같은 활자를 여러 번 재사용할 수 있고 글자 배열을 자유롭게 바꿀 수 있으며 인쇄 속도를 이전과 확실히 빠르게 할 수 있다는 생각이었어요.

"그대가 경험이 있으니, 묘덕은 흥덕 장인의 작업을 도우라"

이때부터, 여자 스님 묘덕은 뜻을 같이하는 여러 여자 스님들을 모아서 직지의 중요한 내용을 정리하여 장인들에게 알려주며 이들의 작업을 도왔어요.

밀랍 주조법을 찾아라.

그러나 말처럼 쉬운 일은 아니었어요. 고종 때, 최윤희가 개발했으나 금속으로 정밀한 활자를 만든다는 것은 이전에 전혀 없는 도전이었어요.

흥덕은 금속 활자를 어떻게 만들 것인가?

동료들은 처음에는 흙이나 나무로 활자 모양을 만들고 그 위에 쇳물을 부어보려 했어요. 하지만 쇳물은 쉽게 굳거나 모양이 일그러지기 일쑤였지요.

"앗 뜨거워!"

"또, 데었네!"

"또, 깨졌네!"

불에 달궈진 금속은 다루기 어려웠고 조금만 마음을 놓아도 화상을 입는 사고가 빈번했어요. 작업장에서는 쇳물 튀는 소리, 망치 소리, 그리고 장인들의 탄식 소리가 끊이지 않았어요.

비구니 미담이 장인들의 이야기에 끼어들었어요.

"우리 종은 오랫동안 만들어 왔는데 종을 만드는 방법으로 하시면 어떨까요?"

구리와 주석으로 만든 종은 오랫동안 만들어 오면서 주조 기술이 발달해 있었어요.

"그렇군요. 스님 말씀, 고맙습니다."

철기, 청동기 기술로 만들어진 주조법으로 활자 만들기를 수없이 반복했어요. 수많은 시행착오 끝에, 흥덕 장인과 동료들은 '밀랍 주조법'이라는 뛰어난 방법을 생각했어요.

이 과정은 마치 연금술사의 실험실 같았어요.

처음에는 흙으로 거푸집을 만들었으나 뜨거운 쇳물을 붓는 순간 '파직!' 소리와 함께 거푸집이 터져 버리기 일쑤였지요.

쇳물이 사방으로 튀어 오르고 장인들의 얼굴에는 그을음과 함께 좌절감이 드리워졌어요.

"도대체 무엇이 문제인가!"

흥덕은 밤낮으로 고민했어요.

어느 날, 들판에 누워 하늘을 쳐다보다가 문득, 나무에 달린 벌집을 보며 영감을 얻었어요. 바로 밀랍을 생각했어요.

'밀랍은 녹으면 사라지지만, 그 모양은 그대로 남는구나!'

그들은 밀랍으로 활자의 형태를 섬세하게 조각하기 시작했어요.

손톱보다 작은 글자 하나하나에 혼을 넣었지요. 그리고 그 밀랍 활자 위에 흙을 곱게 덧발라 거푸집을 만들었어요. 이제 가장 중요한 순간, 불에 달구는 과정이었어요.

거푸집을 조심스럽게 뜨거운 화덕에 넣자, 밀랍이 스르르 녹아내리며 완벽한 공간이 만들어졌어요. 마치 마법처럼, 활자의 아주 섬세하고 멋진 모양이 거푸집 안에 고스란히 새겨진 것이에요.

하지만 이것도 끝이 아니었어요.

밀랍의 양을 정확하게 맞추는 것부터 흙 거푸집이 쇳물의 뜨거운 열을 견디게 하는 것, 그리고 쇳물을 붓는 시간까지, 모든 과정이 섬세한 기술과 인내심이 필요했지요.

"쇳물 온도가 너무 낮으면 굳어버리고, 너무 높으면 거푸집이 녹아버린다!"

장인들은 불꽃처럼 타오르는 화덕 앞에서 땀을 비 오듯 흘렸지요.

어떤 날은 밤새도록 작업해도 쓸 만한 활자 몇 개 건지지 못해 장인들은 좌절하기도 했어요. 뜨거운 쇳물 앞에서 땀과 눈물을 흘리며, 때로는 작은 실수로 크게 다쳤어요.

그러나 우왕의 간절한 명령과 직지를 향한 간절한 마음이 새로운 인쇄술에 대한 열정으로 불타올랐어요. 그들은 수많은 실패와 불과 싸움 속에서도 포기하지 않았어요.

세계 최초의 탄생, 직지심체요절

마침내 1377년, 수많은 실패와 희생을 거쳐 완벽한 금속 활자가 탄생했어요.

흥덕과 동료들은 활자 하나하나를 정성껏 다듬고, 활자판에 맞추기 시작했어요. 한 글자 한 글자 맞춰질 때마다 그들의 얼굴에는 희망과 자부심이 가득했지요.

"서두르지 마시게, 한 글자라도 틀리면 안 되네."

"한판을 끝냈어요."

"천천히 조심해서 찍어내게"

마침내, 금속 활자로 인쇄된 첫 번째 직지심체요절이 세상의 빛을 보았어요. 종이 위에 선명하게 찍힌 글자들은 목판인쇄와는 비교할 수 없는 뚜렷하고 깨끗한 글씨가 나타났어요.

이것이 바로 세계 최초의 금속 활자 발명이었어요.

고려의 인쇄 장인, 조각가들과 흥덕의 끈질긴 노력과 새롭게 만들려는 지혜가 만들어낸 인류 문명사의 위대한 결과였어요.

직지는 혼란한 시대를 살아가는 백성들에게 희망을 전하고, 지식을 널리 보급하며, 나아가 세계 사람들에게 인쇄 문화에 엄청난 새로운 변화를 준 지혜의 등불이었답니다.

동양에서 서양으로 구텐베르크의 영감

고려의 금속 활자는 서양의 구텐베르크보다 무려 78여 년 앞선 발명으로 오늘날까지도 그 빛나는 가치를 인정받고 있어요.

그렇다면 이 놀라운 기술은 어떻게 동양에서 서양으로 전하여 널리 퍼질 수 있었을까요?

정확한 경로는 명확히 밝혀지지 않았지만, 여러 역사 배경과 연구를 통해 몇 가지 가능성이 나타나 있어요.

13세기부터 14세기, 특히 몽골 제국이 유라시아 대륙을 다스리던 시기는 동서양 물품 교류가 활발했던 때였죠.

이 시기, 실크로드를 통해 상인들과 여행자들이 오갔고 동양의 기술과 문화가 서양으로 널리 퍼질 기회가 많았어요.

특히 주목할 만한 것은 기독교 선교사들의 신앙 활동이었어요.

당시 유럽에서는 프란체스코회나 도미니코회와 같은 선교사들이 동방으로 파견되어 선교 활동을 펼쳤어요.

이들은 중국과 몽골 제국을 오가며 동양의 물품을 직접 접하고 기록했으며 서양으로 돌아가 이를 소개하기도 했어요.

선교사나 상인들을 통해 동양의 목판 인쇄술이나 금속 활자 기술에 대한 정보가 유럽으로 흘러 들어갔을 수 있어요.

15세기 중반, 독일의 요하네스 구텐베르크는 조각가로서 섬세한 세공 기술을 가지고 있었어요. 그는 포도 압착기를 고쳐 만들거나 바꾸어 인쇄기를 만들고 대량 인쇄를 위한 금속 활자 개발에 몰두했지요. 그의 동기는 바로 동양에서 전해진 인쇄술에 대한 소문, 특히 고려의 금속 활자 기술에 대한 어렴풋한 정보가 큰 영향을 주었어요.

구텐베르크는 동양에서 전해진 '밀랍 주조법'이라는 정보를 듣고 이를 만들려고 애썼어요. 하지만 그 과정은 쉽지 않았지요.

선교사들에게서 어렴풋이 전해준 정보만으로는 고려 장인들이 수많은 실패 끝에 완성한 밀랍 주조법의 비결을 이해하기가 힘들었어요.

구텐베르크의 작업장에서도 쇳물이 터져 나오고, 활자가 제대로 주조되지 않는 실패가 반복되었어요.

"도대체 무엇이 문제인가! 동방의 장인들은 어떻게 이토록 섬세한 활자를 만들어냈단 말인가!"

1455년, 구텐베르크는 고려의 밀랍 주조법에서 비법을 얻어 자신만의 활자 주조 기술을 완성했어요.

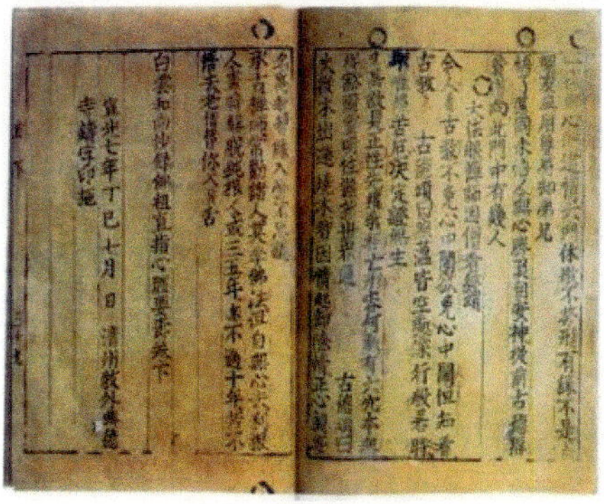

직지심체요절

흥미롭게도 구텐베르크가 만든 초기 금속 활자의 모양은 고려의 활자와 비슷한 점이 많아요. 그가 고려의 밀랍 주조법에 대한 정보를 바탕으로 기술을 개발했음을 짐작하게 해요.

고려의 금속 활자는 인류 문명 발전에 큰 도움을 준 위대한 발명이에요. 동양의 지혜가 서양의 기술을 이끌어 낸 인류 역사상 빛나는 지식의 다리가 된 것이죠.

한국은 세계 인쇄 역사에 빛나는 업적을 만든 민족이에요.

제23편

세계 최초 다연발 로켓, 신기전

14세기 후반, 고려 말은 그야말로 바람 잘 날 없이 심하게 요동치던 시대였어요. 북쪽에서는 원나라가 약해지면서 여진족이 시도 때도 없이 물밀듯이 쳐들어왔고, 남쪽 바다에서는 일본이 수시로 쳐들어와 백성들을 괴롭히고 재물을 빼앗아 갔어요.

수적으로 물이 밀려오듯이 몰려오는 여진족에게 하나씩 쏘는 화살로는 도저히 적들을 당해낼 수 없었어요. 벌떼 같은 오랑캐들을 물리칠 새로운 무기가 절실했어요.

무기 기술자이었던 최무선은 왕에게 새로운 화약 무기 개발을 위해 글을 올렸지요. 당시 일부 관료들은 화약 무기 개발을 상도에 어긋나고 오히려 위험한 계획이라 여기고 최무선에게 벌을 주려고 했어요.

1377년 우왕은 화통도감의 설치를 명령하여 여진족 침략과 일본의 도둑질을 공격할 화약 무기 개발을 하게 하였지요.

우왕의 명령으로 세계 최초 다연발 로켓, 신기전이 발명되었어요. 신기전은 한 번에 100발에 달하는 화살을 쏟아 붓는 그야말로 엄청난 화력을 자랑했죠. 하지만, 이 놀라운 무기를 만들기 위해서는 중국만이 가지고 있는 화약이 필요했어요.

화차

화약, 중국만의 기술인가?

화약은 오래전부터 중국에서 발명되어 축제에 사용되던 폭약이었지만 화약을 만드는 기술은 중국만이 가지고 있던 일급 군사비밀이었어요. 당시 화약제조법을 외부에 알리면 사형시켰어요.

최무선은 화약을 개발하기 위해 수없이 많은 도전을 했지만, 번번이 실패의 쓴맛을 보아야 했어요. 하는 수 없이 중국 화약 기술자들에게 여러 방법으로 비밀을 알아내려 했지만 그들의 입은 굳게 닫혀 있었죠. 그가 알 수 있었던 것은 겨우 화약에 숯, 유황, 초석이 들어간다는 떠도는 소문뿐이었어요. 당시, 우리나라에는 초석이라는 광물이 없었어요.

그러던 어느 날, 무역항 벽란도에서 중국 강남 지방 출신 상인 이원을 만났어요. 최무선은 그를 극진히 대접하며 초석 만드는 방법을 듣게 되었어요.

"초석은 집 주변의 부뚜막, 마당, 화장실 근처 흙에서 오줌과 재를 섞어 발효시키고 끓여서 얻는 방식으로 만들면 되네."

막연하게 만드는 방법을 시도 했지만, 실패의 연속이었어요.

"도대체 적당한 양을 어떻게 해야 한단 말인가!"

최무선이 한숨을 쉬고 있을 때 함께 화약을 개발하던 한 일꾼이 엉뚱하면서도 기발한 생각을 말했어요.

"흙에는 맛이 있습니다."

"흙에 맛이 있다고?"

"짠맛 나는 흙이 있고, 매운맛 나는 흙이 있습니다. 처마 밑 흙과 화장실 주변 흙, 마당 흙과 담 밑 흙의 맛이 다르지요."

최무선은 일꾼의 말에 감탄하며 직접 흙을 맛보기 시작했어요.

흙을 맛보다.

“그렇구나! 흙이라고 다 똑같은 줄 알았는데…!”

최무선은 일꾼의 말에 무릎을 ‘탁’ 쳤어요.

“흙의 맛이라니! 이토록 중요한 것을 놓치고 있었다니!”

그는 마치 미식가처럼 흙을 맛보기 시작했어요.

처마 밑 흙은 짭조름했고 화장실 근처 흙은 왠지 모르게 톡 쏘는 맛이 났어요. 마당 흙은 밍밍했고, 담 밑 흙은 또 다른 오묘한 맛이 느껴졌어요. 최무선은 혀끝으로 흙을 맛보았어요.

수많은 실패와 끈질긴 도전 끝에, 드디어 최무선은 초석을 뽑아내는 방법을 찾아냈어요.

그는 큰 단지에 맛있는 흙과 재를 넣고 물을 부었어요.

그리고 단지 밑에 구멍을 뚫고 관을 연결하여 초석이 녹아 있는 물, 즉 ‘정수’를 다른 통에 모았어요.

그다음, 불순물을 없애기 네 번의 과정을 만들었지요.

첫 번째는 모아둔 정수를 끓이고 식혀 가라앉은 다음, 다시 끓여 식혀 가라앉는 첫 번째 물, 모초를 만들고

두 번째는 흙 + 재 + 오줌을 섞어 발효시킨 모초를 다시 끓였고

세 번째는 아교를 넣어 불순물을 빼내는 과정을 반복한 후에

네 번째는 이렇게 만들어진 것을 식히고, 말려 순수한 초석을 얻어낼 수 있었어요.

네 번의 과정에서 많은 실패를 하였고 특히, 아교가 끓으며 불순물을 달라붙게 하는 것을 알게 되었지요.

초석 제조법은 조선 후기 문헌 『신전자취염초방』에 기록되어 있어요.

어느 날, 최무선은 '초석은 대소변이 쌓인 곳에 잘 생긴다!'라는 소문을 들었어요.

그는 망설임 없이 백성들의 집과 심지어는 외양간까지 뒤지며 온갖 동물과 사람의 똥을 모았어요.

그의 연구실은 흙과 초목, 그리고 퀴퀴한 분뇨 냄새가 진동하는 실험실이 되었어요.

"대감, 제발 오늘은 환기 좀 해주세요."

개발자들은 코를 막고 아우성쳤지만, 최무선의 새로운 방법을 찾으려는 정신은 그 누구도 막을 수 없었어요.

그렇게 간신히 초석을 구해 화약을 만들었다고 생각한 최무선은 잔뜩 기대에 부풀어 시험 발사를 준비했어요.

"자, 이제 불을 붙여라!"

그의 신호와 함께 심지에 불이 붙었고 사람들은 숨을 죽였어요. 하지만! '펑!' 하는 굉음과 함께 연기만 자욱할 뿐, 앞으로 날아가는 힘은 없었어요.

어떤 날은 불꽃만 살짝 튀고 마는가 하면 어떤 날은 너무 약해 간신히 날아가는 흉내만 내기도 했어요. 연구실은 온통 탄내와 실패의 부스러기, 그리고 알 수 없는 냄새로 가득했어요.

최무선은 이마를 짚으며 깊은 한숨을 쉬었지요.

"으아! 대체 이놈의 화약은 왜 자꾸 속을 썩이는 것이냐!"

그렇게 수많은 밤을 지새우며 실패를 거듭하던 최무선이 무릎을 쳤어요. 도자기를 만들 때 흙의 비율이 중요하다는 생각이 났어요.

"바로 그거야 정확한 배합 비율과 불순물을 없애는 방법이야!"

끈질긴 노력 끝에 초석 75%, 숯 15%, 황 10% 정도의 비율로 화약을 만드는 데 성공했어요.

신기전은 대나무 통에 화약을 넣어 발사하는 방법이었어요.

대나무에 화약을 담아 불을 붙이면 화약통이 시도 때도 없이 터져나갔어요.

단순히 대나무 통에 화약을 가득 채워 넣는 방법으로는 압력을 견디지 못하고 폭발하기 일쑤였죠.

화약통의 비밀을 찾아서

화약통이 왜 터지는지 이유는 의외로 간단한 곳에 있었어요.

바로 화약이 폭발적으로 터질 때 발생하는 엄청난 압력을 대나무 통이 감당하지 못했던 것이죠.

처음에는 그저 대나무를 더 두껍게 만들거나, 더 단단한 재질을 찾아 헤매기도 했어요. 하지만 튼튼한 대나무 통을 구하기도 쉽지 않았고, 너무 두꺼우면 신기전 자체가 무거워져 날아가지 못했어요.

어느 날, 최무선은 한 연구원이 화약을 태우는 모습을 보다가 무릎을 '탁' 쳤어요. 순식간에 화약이 타는 것이었어요.

"바로 저거야, 화약이 한꺼번에 타버려 압력이 순간적으로 너무 높아지는 것이 문제였어!"

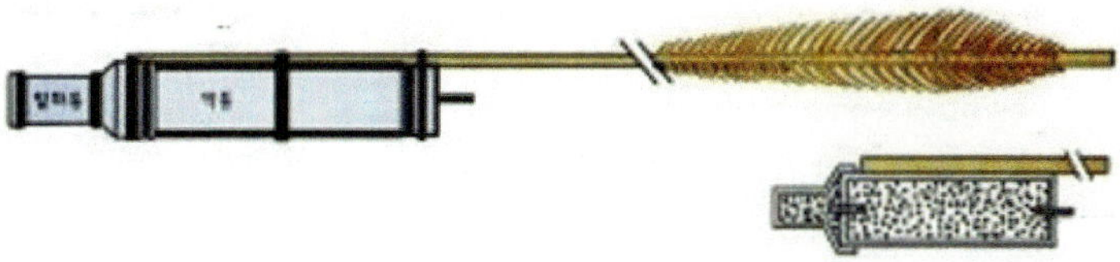

신기전 구조

그는 화약통 안에 일정량의 공간을 두어 화약이 연소할 때 발생하는 가스가 일정하게 뿜어 나올 수 있도록 만들었어요.

마치 용수철처럼, 압력을 조절할 수 있는 공간이 필요했던 것이에요.

"화약을 꽉 채워도 모자랄 판에 빈 공간이라니!"

라며 연구원들은 반대했어요.

그의 끈질긴 설득과 몇 번의 실험 끝에 좋은 결과를 얻게 되었지요.

화약통 내부에 적절한 공간을 두자, 화약이 터지면서 발생하는 가스가 이 공간을 통해 고르게 뿜어 나오기 시작했어요.

덕분에 밀고 나가는 힘이 일정하게 유지되고, 화약통에 가해지는 압력도 흩어져 폭발 위험이 뚜렷이 줄어들었지요.

이제 신기전은 터지지 않고 안정적으로 날아오를 수 있는 첫걸음을 떼게 되었지요.

화약을 다져라: 쇠막대와 막대의 마법

화약통이 터지는 문제를 해결하자 이제는 밀고 나가는 힘을 일정하게 유지하는 것이 문제이었어요.

"어떻게 일정하게 날아갈 수 있을까?"

화약이 너무 빠르게 타버리면 순간적인 힘은 좋지만 오래가지 못하고, 너무 느리게 타면 아예 날아가지 못했어요.

연구원들은 대나무 통에 빈 공간을 만들었듯이 화약을 여러 번에 나눠서 넣고 쇠막대나 막대로 단단히 다지는 방법을 시도했어요.

마치 떡을 만들 때 여러 번 주무르는 것처럼 했어요.

화약을 한꺼번에 넣는 대신, 조금씩 넣어가며 쇠막대나 나무 막대로 꾹꾹 눌러 다졌어요.

처음에는 힘 조절이 어려워 어떤 대나무 통은 너무 단단하게 다져 화약이 제대로 타지 않아 터지지 않기도 하고, 어떤 대나무 통은 너무 설렁설렁 다져 힘이 약해 뚝 떨어지기도 했어요.

한 번은 화약을 다지던 만수가 너무 세게 눌러 대나무 통이 쩍 하고 갈라지자, 옆에 있던 김 서방이 비웃었어요.

"이보게, 만수! 자네 힘은 천하장사인데 섬세함은 영 꽝이구먼!" 하며 놀리기도 했어요.

반복되는 실패를 통해 화약의 양을 고르게 맞추며 화약을 층층이 다져 넣음으로써 속도를 정밀하게 조절할 수 있었어요.

신기전이 안정하게 날아가는 것과 도달하는 거리를 새로운 방법으로 향상시킨 결정적인 기술이었어요.

최무선이 발사 버튼을 누르자,

'쉬이이이익- 콰과광!'

굉음과 함께 수십 발의 로켓이 하늘로 솟구쳐 올랐어요.

불을 뿜으며 날아가는 신기전들은 마치 용이 하늘로 올라가는듯 하였어요. 목표물에 바로 맞자 거대한 폭발음과 함께 주변은 아수라장이 되었어요.

신기전은 공격하여 적을 무너뜨리거나 부수는 힘이 엄청났어요.

최무선은 더 멀리 날아가는 방법으로 2단, 3단 분리되는 기술을 개발했어요. 오늘날 K9자주포가 2단. 3단으로 분리되는 기술의 뿌리가 되었지요.

한 번 발사하면 수십 발의 로켓이 동시에 날아가 적의 군대를 잿더미로 만들자, 적들은 놀라 정신없이 도망쳤어요.

당시 고려의 군사력으로는 상상하기 힘들었던 강력한 신기전은 그야말로 적들에게는 '저승사자의 화살'이었지요.

고려 백성들에게는 '신이 내린 화살' 신기전이 발명되었어요.

오늘날, 신기전 발명 기술은 K9자주포의 기술로 거듭나서 세계시장에서 K 방산 산업의 최고 무기로 평가를 받고 있답니다.

| K9자주포 |

제24편

세계 최초 화포 해전

고려 말 우왕 6년(1380년 8월), 지금의 군산 앞바다, 충남 서천 근처였던 금강 하구 진포에 수시로 도둑질하던 일본이 침략했어요.

이들은 무려 500척이나 되는 배를 끌고 와서 금강 어귀에 세워 놓고 우리 땅 깊숙이 들어와 백성들을 괴롭히고 온갖 귀한 물건들을 빼앗아 갔어요. 백성들의 고통은 하늘을 찔렀고 고려 정치인들은 이 일본 사람들을 어떻게 물리쳐야 할지 걱정으로 가득했어요.

세계 사람들이 이동을 위해 최초로 발명했던 바퀴를 최무선은 신기전에 붙여 화차를 만들었어요. 여진족을 물리칠 수 있었던 비결 중에는 수백 발의 화살을 이동하면서 공격했던 화차의 공격이 있었기 때문이었어요.

우왕은 당시 신기전으로 여진족을 모조리 파괴시킨 최무선의 활약을 보고 일본 사람을 물리칠 군단을 조직했어요. 최무선, 심덕부, 나세 장군을 지휘관으로 임명하고 신기전을 설치한 배들을 출동시켰어요.

최무선은 신기전이 설치된 화차를 이용해 일본 사람을 놀라게 했어요.

"아니, 화살이 어디서 날아오는 거야!"

"화살을 막아라!"

수 백발의 화살이 비 오듯이 일본 배를 향하여 날아가며 폭발을 하자, 500척의 거대 일본 배는 갈팡질팡하며 도망쳤어요.

신기전 화차

일본 배들이 서로 엉켜 부딪치며 배 위에서는 난리가 났지요. 방향을 잡지도 못하고 날아오는 화살을 피할 수도 없었어요.

고려 말기, 1380년 이성계 장군은 500척의 배에서 도망치는 일본 사람들을 황산대첩에서 모조리 멸망시켰어요.

진포에서 발생한 해전은 세계 최초로 함선에 화포를 설치한 실전이었어요. 이후 조선 수군의 판옥선과 거북선에도 화포가 설치되어 임진왜란 승리의 시작이 되었지요.

움직이는 화포, 불의 신무기

아무도 배에서 불을 뿜는 무기를 설치할 생각을 하지 못했어요.

최무선은 끈질긴 노력 끝에 화포와 화통 같은 새로운 무기들을 발명했어요.

'불을 뿜는 화포를 만들었으니, 이 무기를 배에 실어야겠다.'

배는 바다 위에서 흔들려서 화포를 단단히 고정하는 것이 정말 중요했어요. 최무선과 장군들은 지혜를 모아 커다란 화포를 튼튼하게 배에 고정했어요.

드디어 진포 앞바다에 일본의 배들이 가득 들어찼을 때 고려의 전함들은 조용히 일본의 배들을 향해 다가갔지요.

화포

나세장군의 명령이 떨어지자,

최무선이 만든 화포에서 "콰광, 펑, 펑!" 하는 엄청난 소리와 함께 불꽃이 뿜어져 나오기 시작했어요.

일본 사람들은 난생처음 보는 불을 뿜는 배와 소리에 깜짝 놀라 혼비백산했지요. 그들은 이리저리 배 위에서 뛰어다녔어요. 고려 배들은 마치 바다 위를 미끄러지듯 빠르게 움직이면서 화포를 쏘아댔어요.

일본 사람들은 도대체 어디서 공격이 날아오는지 알지 못했어요. 불덩이들이 일본의 배들을 정확히 맞추자, 순식간에 500척의 적선은 대부분 공격받아 가라앉고 바다는 온통 불바다가 되었어요.

화포를 설치한 판옥선

진포해전은 승리와 함께 과학기술과 전략이 역사를 바꾼 사례이에요. 최무선의 집념과 창의력, 그리고 바다에서 싸우는 고려 군대의 용맹함이 빛났어요.

덜컹덜컹 흔들리는 배, 화포는 어떻게 버텼을까요?

화포를 쏘면 배가 덜컹덜컹 흔들리면서 부서질 수도 있고 무거운 화포 때문에 배가 한쪽으로 기울어져 뒤뚱거릴 수도 있었어요. 마치 우리가 무거운 짐을 한쪽에만 들면 몸이 기울어지는 것처럼 배도 기울어지기 때문이었지요. 이 문제를 어떻게 해결했을까요?

튼튼한 배를 만들고, 화포 비밀을 풀다

최무선 장군과 기술자들은 먼저 화포의 엄청난 힘을 견딜 수 있는 튼튼한 배를 만드는 데 집중했어요.

당시 고려의 배들은 대부분 작고 가벼웠는데 화포를 싣고 쏘려면 훨씬 단단한 나무로 두껍게 배를 만들어야 했지요. 마치 얇은 종이배 대신 아주 튼튼한 나무배를 만드는 것처럼 만들었어요.

그리고 더 중요한 건, 화포가 어떻게 이루어져 있는지 잘 이해하는 거였어요. 화포는 크게 네 부분으로 나누어져 있어요.

첫째는 불을 뿜는 화포의 몸통, 총통이에요. 튼튼한 금속으로 만든 원통형 모양인데, 이 안에 화약과 탄환을 넣는 공간이 있어요.

둘째는 총통의 뒤쪽에 붙어 있는 작은 방 같은 약실이에요. 여기에 화약을 넣는데 화약이 터질 때, 엄청난 힘이 바로 이 약실에서 시작되었지요. 화포에서 가장 중요한 부분 중 하나에요.

셋째는 화약과 탄환 사이에 끼워 넣는 나무 막대, 격목이에요. 이 격목 덕분에 화약의 폭발력이 탄환을 정확히 앞으로 밀어낼 수 있었던 것이에요.

넷째는 화포가 쏘는 알맹이 탄환이에요. 처음엔 돌덩이나 쇠구슬을 썼는데 나중에는 '대장군전'이라는 하늘을 나는 로켓처럼 생긴 것도 만들었어요.

이렇게 배 위에 화포를 설치한 비결은 화포의 구조를 이용해서 문제를 해결했어요.

문제는 화포를 쏠 때 발생하는 엄청난 힘과 움직임을 어떻게 견디게 할지가 가장 중요한 문제이었어요.

지혜로운 고정 장치, 흔들림을 잡다

아무리 좋은 자리에 화포를 놓아도 화포를 쏠 때의 엄청난 충격은 피할 수 없었어요. 그래서 화포가 움직이지 않도록 아주 특별한 고정 장치들을 생각했어요.

화포를 배의 바닥에 단단히 나무틀로 고정했어요.

마치 가구를 벽에 못으로 박아 고정하는 방법이에요.

그리고 강력한 쇠사슬이나 밧줄로 화포를 여러 방향에서 묶어 움직이지 않도록 했지요.

화포를 쏘고 나면 '쿵' 하고 뒤로 밀려나는 힘 때문에 배가 깨질 수 있었어요.

그 충격을 줄일 수 있도록 두꺼운 나무판이나 밧줄 뭉치 등을 덧대어 마치 자동차에 충격을 받아들이는 스프링처럼 만들었어요.

불을 뿜는 비밀, 화포 발사 대작전!

화포를 쏠 때, 흑색 화약은 질산칼륨, 유황, 목탄을 섞어서 만들었어요. 아주 조금만 잘못해도 큰 폭발이 일어날 수 있었지요.

약실이라는 작은 공간에 이 화약을 조심스럽게 넣어야 했는데 만약 이때 병사 중 누군가 재채기라도 하면 큰일이었어요.

"에취!"

화약을 넣을 때, 병사가 갑자기, 재채기할 것 같았어요.

모두가 숨을 죽이고 그 병사를 바라봤어요.

화약 가루가 날리거나, 자칫 불씨라도 튄다면 큰일이었어요.

다행히 그 병사는 재빨리 고개를 돌려 화약이 없는 쪽으로 재채기해서 모두 안도의 한숨을 내쉬었어요.

“휴, 큰일 날 뻔했네!”

병사들은 화약을 다룰 때는 항상 숨소리도 조심해야 한다는 것을 뼈저리게 느끼고 있었지요.

화약을 넣고 화포에 따라 돌덩이, 쇠구슬, 화살 모양의 탄환 등 다양한 종류를 사용했어요.

가장 큰 화포인 천자총통은 대장군전이라는 무려 1.6km를 날아가는 로켓형 탄을 쏘았어요. 이 탄환은 화약 위에 넣고 격목인 나무 막대로 단단히 고정해야 했어요.

어느 날 병사들이 탄환을 넣으면서 내기했어요.

“내가 쏘는 돌멩이가 더 멀리 날아갈걸?”

“흥, 내가 쏘는 쇠구슬이 더 정확할걸!”

서로 누가 더 멋진 명사수가 될지 으스대며 탄환을 넣었지요.

그때 최무선 장군이 빙그레 웃으며 말했어요.

“누가 더 멀리 쏘느냐도 중요하지만, 정확하게 적의 배를 맞추는 것이 더 중요하네!”

그 말을 들은 병사들은 고개를 끄덕이며 탄환을 더욱 신중하게 넣었어요.

드디어 발사의 순간!

심지에 불을 붙이며 화약이 ‘뻥!’ 하고 터지면서 뜨겁고 강력한 가스가 뿜어져 나갔어요.

이 힘으로 탄환이 총통을 따라 '쓔우우웅!' 하고 날아갔어요.

마치 거대한 불꽃놀이 폭죽을 쏘아 올리는 것과 같았어요.

어느 날 진포대첩이 한창일 때, 병사 한 명이 너무 긴장한 나머지 심지에 불을 붙이려는데 손을 바들바들 떨고 있었어요.

불꽃이 흔들리고, 심지에 제대로 붙지도 않았지요.

그때 옆에 있던 노련한 장군이 조용히 다가와 병사의 어깨를 두드리며 말했어요.

"침착하게. 네 손끝에 나라의 운명이 달렸네!"

병사는 심호흡하고 다시 심지에 불을 붙였어요.

'쾅!' 하는 소리와 함께 탄환이 솟아올랐고, 정확히 일본의 배에 명중했어요.

수많은 실험, 포기하지 않는 지혜

최무선 장군과 기술자들이 모든 방법을 한 번에 알아낸 건 아니었어요. 수없이 많은 실험과 실패를 통해 방법을 찾았지요.

화포를 쐈다가 배가 너무 심하게 흔들리거나, 작은 틈이라도 생기면 다시 더 튼튼하게 만들기를 반복했어요.

화포 약실에 들어가는 화약의 양을 조절하고 화포에 쓰이는 원기둥 형태의 내부부품인 격목의 크기를 바꾸어 보면서 가장 안정적이면서도 강력한 발사 방법을 찾았지요.

일본군을 물리치겠다는 굳은 의지와 강한 정신으로 최무선 장군은 마침내 배 위에서 안전하게 화포를 쏠 방법을 찾아냈어요.

덕분에 우리 고려의 배들은 바다 위를 누비며 불을 뿜는 최고의 함선이 될 수 있었지요. 한국인의 지혜와 끈기가 없었다면 진포대첩의 위대한 승리는 없었을지도 몰라요. 정말 대단하죠?

1380년, 화포 진포대첩은 세계 해전에 매우 중요한 방향을 알려주는 역사로 남았어요. 함선에 화포를 장착하여 실제 싸움에 사용한 세계 최초의 사례에요. 이후 해군 전술의 새로운 방향을 바꾸는 계기를 만들었어요.

배의 흔들림과 화포의 뒤로 밀리는 힘을 고려해 특수 고정 장치와 충격 흡수 장치를 개발하여 안정적인 발사가 가능했지요. 조선 시대에는 격목 대신 진흙으로 채운 토격을 사용하여 탄환을 발사하는 화포를 장착한 판옥선과 거북선으로 임진왜란에서 승리했어요.

고려 화포 해전은 한국 조선 기술을 급속하게 발달시키는 계기였어요. 판옥선을 다양하게 개발했던 선박 기술 개발 능력이지요.

오늘날 장보고함 등의 K 조선 기술은 지속적으로 발달해 온 한국인의 놀라운 선박 기술로 만들어진 것이에요. 남들과 다르게 관찰하고 분석하며 만들어 온 5,000년의 발명 기술이 세계적 K 조선 기술로 인정을 받는 비결이랍니다. 고려 때부터 발달한 놀라운 조선 기술이 한국 조선 기술을 첨단기술로 만들고 있어요.

K-발명 역사이야기

제6부
조선 발명 이야기

제25편
하늘을 나는 "비거" 발명

제26편
세계 유일 과학 언어 훈민정음 발명

제27편
세계 최초 철갑 거북선

제28편
K 문화 판소리

제29편
천문관측기 혼천의 발명

제30편
세계 최초 물시계 자격루 발명

제25편

하늘을 나는 "비거" 발명

인류는 아주 오래전부터 하늘을 나는 꿈을 꾸어 왔지요.

새처럼 자유롭게 창공을 날고 싶다는 열망은 단순한 호기심을 넘어서 새로운 세계를 탐험하고 현실을 벗어나고 싶은 인간의 깊은 상상력에서 시작되었어요.

우리나라 역사 속에서도 이러한 꿈은 다양한 모양으로 나타났어요.

하늘을 나는 수레, 비거에 관한 이야기는 우리 선조들의 뛰어난 상상력과 창의성을 보여주는 사례에요.

새처럼 자유롭게 하늘을 날아가면 어디든지 갈 수 있을 것이라는 상상으로 큰 날개와 몸통으로 만들어진 비거는 하늘을 날아가는 인류의 꿈을 보여주었어요.

땅에서는 볼 수 없는 것들을 하늘에서 볼 수 있었어요.

하늘을 향한 오랜 꿈

삼국사기에 기원전 37년, 동명왕이 비거를 타고 하늘을 날았다는 기록이 있어요. 이는 우리 조상들의 꿈과 희망, 열정의 상상을 나타내는 것이지요.

고려 말 화약 전문가인 최무선이 비거를 연구했다는 기록도 전해지는데 이는 화약 기술이 발전하고 신기전으로 다연발 화살을 날리며 하늘을 날아가는 꿈이 상상에서 실제 기술로 발전했다는 것을 말하는 것이에요.

조선 시대, 세종실록지리지에도 '예전에 비거를 만들어 하늘을 날았다.'라는 기록이 있는 것을 보면 비거는 오랜 시간 동안 우리 선조들의 마음속에 자리 잡았던 꿈이었음을 알 수 있어요.

방패연은 연이 하늘을 날아오른 것이지만 사람이 하늘로 날아 오른 비거가 있어요.

비거는 가볍고 튼튼한 대나무를 기둥으로 넓은 천을 펼쳐서 날개처럼 날아가는 수레와 같았어요.

비거는 혼자 타기도 하고 네 명까지 탈 수 있을 정도로 크고 튼튼했어요. 바람의 흐름을 이용하여 날아가는 비거는 인류가 날아가고 싶은 욕망을 채워주는 것이었어요.

레오나르도 다빈치는 1490년대 비행 기계 설계도만을 그렸지만, 정평구는 조선 태종 13년, 1413년에 비거를 만들어 하늘을 날았어요. 우리는 레오나르도 다빈치보다 77년 앞서서 비거를 만든 민족이에요.

비거는 라이트 형제의 비행기보다 약 300년 앞선 발명품으로 한국 전통 과학기술의 사례로 평가받고 있어요.

| 정평구 비거 |

| 레오나르드/정평구 비거 비교 |

이처럼 세계에서 가장 뛰어난 창의성을 가진 발명 역사가 있었기에, 오늘날 K 항공 산업이 급속하게 발달하는 비결은 오랜 발명 역사를 통해 급속하게 개발된 것이에요.

정평구의 실패와 꿈 사이에서

정평구는 하늘을 날아가는 방법에 대해 밤낮으로 생각했어요.

어떤 날 새처럼 날개를 펼치고 하늘을 날아가는 꿈을 꾸었어요.

그날부터 꿈속에서 본, 모습을 하나씩 만들었어요.

첫 번째로 새 같은 가슴, 몸통을 만들었어요. 가볍고 튼튼한 대나무로 만든 골격은 너무 약했어요. 불어오는 바람을 타기도 전에 부러졌지요.

대나무를 십자 형태로 묶어서 나무끼리 지탱하게 했지요.

다음은 몸통에 날개를 만들었어요. 넓은 날개를 만들기 위해 천의 면적을 넓혔지만, 균형을 잡지 못해 땅으로 곤두박질쳤어요.

두 번째 실험으로 비거에 올라탔던 사람이 다치자, 잘못에 대한 책임감으로 잠을 이루지 못했어요. 바람의 방향을 생각하지 못했던 것이에요.

비거는 떠오르다 돌풍에 휘말려 성벽 아래로 추락했어요.

사람들은 소리쳤어요.

"하늘을 나는 수레라니, 미친 짓이다."

하지만 정평구는 포기하지 않고 중얼거렸어요.

"실패를 통해 방법을 찾을 수 있어"

실패에서 얻은 교훈

정평구는 비거를 만드는 것보다 바람의 중요성을 알았어요.

바람의 흐름을 눈으로 보고, 손으로 느끼며 배웠어요.

그다음은 비거의 무게 중심의 중요성을 알았어요. 사람을 태우려면 균형이 생명이었던 것이에요.

세 번째로 안전하고 가볍게 날아가는 비거를 만드는 방법이었어요. 비거의 대나무는 가볍지만 유연해야 했고, 천은 바람을 품을 수 있어야 했어요.

정평구는 이렇게 외쳤어요.

"비거는 조선의 지혜와 절망 속에서도 하늘을 바라본 백성들의 꿈을 이루는 것이다."

끝임 없는 노력이 안전하고 날렵한 비거를 발명했어요.

진주성 하늘을 수놓은 기발한 탈출!

1592년, 진주성은 사방이 일본군에게 둘러싸여 한 치 앞도 보이지 않는 절망의 땅이었어요. 일본군의 포위로 성안에서는 굶주림과 공포에 질린 백성들이 그저 죽음만을 기다리고 있었어요.

그때, 조선의 천재 발명가 정평구가 만든 비거가 성 탈출을 위해 준비하고 있었어요.

성벽 한쪽에 숨겨진 작업실에서, 정평구는 낡은 비단과 대나무, 그리고 기발한 생각으로 만든 거대한 비거를 밤낮없이 만들었어요.

사람들은 저 괴상한 물건이 무엇에 쓰는 물건인지 궁금했지만, 그는 묵묵히 작업에만 몰두했지요.

마침내, 완성된 비거가 햇살 아래 그 모습을 드러냈어요.

정평구는 단호한 표정으로 날틀에 올라타 성벽 위에 모인 백성들에게 외쳤어요.

"이 비거는 하늘을 나는 신비한 수레가 아닙니다! 바람의 힘을 이용하여 날아가는 과학의 날개입니다. 일본 놈들을 속일 수 있는 희망의 날개입니다!"

정평구가 비거를 움직이자, 거대한 날개가 펄럭이며 바람을 타기 시작했어요. 비거는 서서히 성벽 위로 솟아오르더니 드디어 거대한 독수리처럼 유유히 창공을 가로질러 날아갔어요.

아수라장이 된 일본군

기이한 광경에 일본군 군대는 순식간에 아수라장이 되었어요.

새처럼 하늘을 날아가는 사람들을 보고 놀랐어요.

"저게 대체 뭐냐! 도깨비가 나타났다!"

"조선의 마법사들이 하늘에서 우리를 저주하고 있다!"

혼이 빠진 일본군들은 허둥지둥 하늘 향해 활과 총을 쏘았지만, 비거는 바람을 타고 좌우로 흔들리며 날아오르고 내리는 통에 정확하게 쏠 수 없었어요.

그 혼란을 틈타, 정평구는 비거에 사람들을 태워서 성 밖의 안전한 장소로 옮겼어요.

비거는 그저 사람만을 실어 나르는 기계가 아니었어요.

칠흑 같던 진주성 사람들에게는 희망의 빛이었고, 무시무시한 괴물로 보였던 일본군에게는 공포 그 자체였지요.

비거는 탈출 하는 도구만이 아닌, 조선의 지혜와 용기가 하늘에 닿았던 기적의 날개였던 것이에요.

비거는 방패연과 함께 공중에서 일본군을 공격하는 무기이었어요.

비거와 방패연은 한국인의 창의적 무기이었던 것이에요.

임진왜란을 이끈 비거

비거가 가장 뛰어난 역할을 한 것은 임진왜란 때이에요.

1592년, 일본군에 의해 진주성이 포위되어 어찌할 수 없는 절박한 순간, 정평구라는 발명가가 비거를 만들어 성안에 갇힌 사람들을 구출했다는 이야기를 이순신 장군이 들었어요.

장군은 비거가 어느 정도 도움이 되는지를 알아보도록 했지요.

"비거를 이용하면 적군의 움직임을 하늘에서 알 수 있습니다."

장군은 산 위에서 살피는 것보다 하늘에서 적을 살피고 지시하는 방법을 생각했어요.

"몇 명이 탈 수 있는가?"

"4명이 탈 수 있다고 합니다."

하늘에서 펼쳐진 이순신 장군의 비밀 병기, '비거'!

바다가 쩌렁쩌렁 울리도록 함포 소리가 빗발치던 한산도 앞바다. 900여 척의 수많은 일본 배들이 거대한 파도처럼 100여 척의 조선 수군을 덮치려고 밀려왔어요.

수적으로 상대가 되지 않는 전투이었어요.

하지만 이순신 장군은 여느 때처럼 침착했어요.

오히려 그의 얼굴에는 자신감 넘치는 미소가 서려 있었어요.

그때, 모두의 시선이 한곳으로 향했어요.

조선 수군의 거북선 위에서 이순신 장군이 직접 올라탄 기묘한 수레가 하늘로 솟아오르기 시작했어요.

바람을 타고 둥실 떠오른 그 수레는 바로 비거이었어요.

하늘 높이 올라선 비거 위에서 이순신 장군의 눈은 강렬하고 예리하게 빛났어요.

바다 위의 전쟁 상황이 한눈에 들어왔어요.

일본 배의 배치, 허점이 정확히 보였어요.

장군이 비거 위에서 깃발로 공격 방향을 지시하자, 신속하게 함대가 움직이었어요.

바다 위를 휩쓸던 일본군들은 이 기괴한 광경에 혼비백산했어요.

"저게 뭐냐?"

"하늘에서 귀신이 우리를 내려다보고 있다!"

"조선의 장군은 하늘을 나는 도깨비와 손을 잡았는가!"

공포에 질린 일본군의 군대가 흩어졌어요.

바로 그때, 하늘의 비거에서 내려온 이순신 장군의 명령이 우렁차게 퍼졌어요.

"신기전과 천자총통을 발사하라!"

명령과 동시에 조선 수군의 함포들이 불을 뿜었어요.

신기전에서 하늘을 가르며 날아간 수백 개의 화살이 비처럼 쏟아졌어요.

거대한 굉음과 함께 발사된 화포들은 일본 배들을 산산조각 냈어요. 공중에서는 비거와 방패연이 바다에서는 거북선과 판옥선이 완벽한 조화를 이루며 일본군을 순식간에 몰아붙였어요.

하늘에 떠 있는 비거에서 깃발이 흔들리고 방패연의 색깔이 바뀌자, 조선 수군들의 공격 방법이 바뀌면서 일본 배들은 더욱 혼비백산하게 되었어요.

일본군들은 어디에 신경을 써야 할지, 방향을 잡지 못하고 갈팡질팡 했어요. 일본 병사들은 의욕을 잃고 공포감으로 두려웠어요.

하늘을 나는 비밀 병기 비거와 방패연, 빗발치는 화살과 강력한 화포 공격에 정신을 못 차린 일본 배들은 결국 크게 실패하고 도망치기 시작했어요.

임진왜란의 무기는 비거와 방패연, 신기전의 화살과 화포 등으로 일본군보다 앞선 전략무기로 성공했어요.

일본은 조선을 침략하고 명나라를 공격하기 위해 오랫동안 전투력을 키우고 수백 척의 배를 만들어 공격해 왔지만, 이순신 장군의 전술적 무기에 패한 것이에요.

이순신은 땅의 생김새와 땅 위에 있는 모든 물체를 이용한 비거, 방패연, 신기전, 화포에 의한 무기를 적절하게 사용한 전략가이었어요. 그의 전술은 세계 해전 역사에 기록되어 세계 모든 해군이 배우고 있답니다.

수적으로 열악했던 조선 수군은 불리한 상황 속에서도 뛰어난 상상력과 기술로 승리를 끌어낸 우리 조상들의 지혜를 보여주는 것이에요.

오늘날 K 항공 기술은 세계 최초로 하늘을 날아간, 비거를 만들었던 우리의 항공 기술로 만든 것이에요.

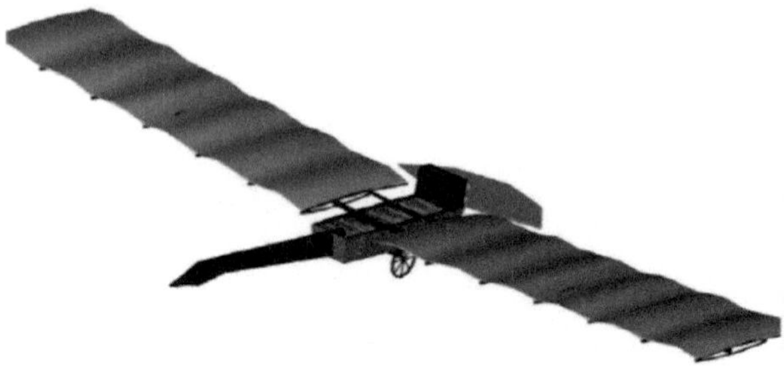

비거 재현

제26편

세계 유일 과학 언어 훈민정음 발명

아득한 옛날, 이 땅의 사람들은 짐승의 울음소리를 흉내 내기도 하고, 바람 소리, 물소리를 흉내 내며 삶의 기쁨과 슬픔을 노래했어요. 이들의 입에서 나오는 말은 마치 살아 숨 쉬는 듯, 감정을 고스란히 담아냈지요. 그러나 그 말은 바람처럼 흩어져 사라질 뿐, 그 흔적, 기록을 남길 수 없었어요.

이처럼, 인류는 예로부터 소통을 위한 '말'과 그 말을 기록하기 위한 '글'을 사용해 왔어요.

옛날 옛적, 글이 없던 시절.

사람들은 기억을 통해 삶을 이어 갔어요.

마을의 가장 지혜로운 어르신들은 '이야기꾼'이 되어 입에서 입으로 역사와 교훈을 전했지요.

그들의 이야기는 가뭄이 들었던 해의 이야기, 풍년이 찾아왔을 때 불렀던 노래, 그리고 사냥꾼이 호랑이를 만났던 생생한 경험담까지 귀를 기울이며 그들의 이야기를 듣고 자신의 마음속에 담았지요.

이야기꾼이 세상을 떠나거나, 누군가 이야기를 잘못 기억하면 중요한 사실이 다르게 전해졌어요.

사람들은 이 문제를 해결하기 위해 다양한 방법을 고민하기 시작했지요. 사냥꾼들은 사냥감을 쫓던 길을 돌멩이로 쌓아 표시했고, 중요한 약속은 나무에 칼로 깊은 상처를 내어 기록했어요.

동굴 벽에는 짐승의 모양이나 사냥하는 사람의 모습을 그려 넣어 그들의 생활모습을 남겼어요.

그때, 마을의 가장 현명한 할아버지가 말했어요.

"사람의 기억은 언젠가 흐릿해지지만, 이 땅에 남긴 흔적은 영원할 것이다."

먼 옛날, 단군조선 시대에 사용된 것으로 추정되는 신지 문자가 토기, 암벽 등에 새겨진 기호 형태로 남아 있지만, 아직도 무슨 뜻인지 알 수가 없어요.

세종실록과 훈민정음 해례본에서 '옛 전자를 모방했다'라는 표현을 보면 전통적 신지 문자의 영향을 받았다고 해요.

서기전 2181년, 을보륵이 자음과 모음으로 이루어진 가림토 문자 38자를 만들었다고 전해져 오고 있어요.

이처럼, 우리 민족은 기록을 남기는 역사를 가진 민족이에요.

이후 삼국시대에서 고려 시대까지 우리말의 순서와 문법에 맞게 이두 문자를 사용했어요.

우리 민족의 선조들은 '신지 문자'와 '이두 문자'와 같은 다양한 기록을 통해 그들의 생각과 역사를 남기려 노력했지요.

하지만, 이 글자들은 배우고 사용하기 어려워 대부분 백성은 생각을 기록할 수 없었어요.

더구나 한자는 지배계층만이 사용하고 일반인들은 배울 기회조차 주지 않아 백성을 글로 다스리는 사회였어요.

사람들은 글자가 없는 시대에도 자신들의 생활을 기록하려 노력했고, 그 흔적들은 오늘날까지 전해지는 인류의 소중한 유산이 되었어요.

백성의 마음을 읽은 세종대왕

조선의 임금 세종대왕은 백성들의 목소리에 귀 기울이는 현명한 분이었어요.

어느 날, 세종은 깊은 밤에 잠 못 이루고 궁궐을 거닐다, 멀리서 들려오는 백성들의 노랫소리를 들었지요.

노랫소리에는 고된 삶의 슬픔이 가득했지만, 그들이 부르는 노래는 중국의 어려운 한자로는 도저히 적을 수 없다고 생각했어요.

세종은 백성들의 마음을 생각했어요.

'백성들의 마음은 하늘의 별처럼 빛나고 아름다운데, 그들의 목소리를 담을 그릇이 없구나. 붓을 든 양반들만이 글을 읽고 쓰니, 글을 모르는 백성들은 억울함을 호소할 수도 없고, 자식에게 지혜를 남길 수도 없으니 이 얼마나 안타까운 일인가!'

어느 날 밤, 세종대왕은 어둠 속에서 백성들의 생활 모습을 떠올렸어요.

백성들의 안타까운 마음을 헤아려, 누구나 쉽게 배우고 쓸 수 있는 새로운 글자를 만들어 배우도록 해야겠다고 생각했어요.

조선의 새로운 시대를 열다

세종대왕은 한글을 만드는 것이 백성들을 위한 것만이 아니라고 생각했어요. 한자 중심의 사회는 정보와 지식을 소수의 양반만 차지했어요. 이는 사람들 간의 차별을 더 많이 만드는 결과를 낳는다고 생각했어요.

백성들이 글을 모르면 나라의 일을 알 수도 없었고, 중요한 소식도 알 수 있는 기회조차 없었어요.

우리말을 제대로 표현할 수 있는 고유한 글자가 없다는 것은 조선의 자존심에도 큰 상처였어요.

고조선부터 사용해 왔던 우리의 아름다운 언어를 중국의 글자인 한자로만 표현해야 하는 것은 심각한 문제라고 판단했어요.

세종대왕은 이러한 문제를 개선하고 스스로 문제를 해결하는 백성의 힘을 키워야 겠다는 확고한 믿음이 있었어요.

1443년 훈민정음 발명

세종대왕은 조선의 고유한 문화를 보호하고 발전시키며, 백성들 모두가 자신의 언어로 소통할 수 있는 새로운 시대를 만들어야겠다고 결심했어요.

이렇게 한글은 백성들을 향한 따뜻한 마음과 더불어, 백성들이 간섭받지 않고 자기 일을 스스로 할 수 있는 힘을 기르고, 평등하게 살게 하기 위한 간절한 바람에서 탄생했어요.

'나라말이 중국과 달라 문자로 서로 맞지 아니할 세…'

세종대왕은 백성들이 누구나 쉽게 배우고 익혀 그들의 목소리를 하늘에 새겨 영원히 남기게 하고 싶었지요.

그래서 그는 소리를 글자로 만드는 위대한 작업을 시작했어요.

한글은 자음과 모음이 합쳐서 만들어졌어요.

먼저 사람의 목소리가 나는 목구멍을 꼼꼼히 관찰했지요.

입술이 다물어지는 모양, 혀가 윗잇몸에 닿는 모양, 목구멍에서 소리가 울리는 모양을 본떠 **자음**을 만들었어요.

예를 들어, 어금니 소리 [ㄱ]은 혀뿌리가 목구멍을 막는 모양을, 입술소리 [ㅁ]은 입술 모양을, 잇소리 [ㅅ]은 이의 모양을 본떠서 만들었어요.

모음은 우주의 근본인 **천 · 지 · 인**, 즉 하늘, 땅, 사람의 모양을 본떠 만들었어요. 이 세 기본 글자가 서로 합쳐지며 ㅏ, ㅓ, ㅗ, ㅜ와 같은 여러 모음이 만들어졌어요.

이처럼 한글은 백성들이 내는 '소리 말'을 찾아내어, 그 소리를 기록하는 가장 알맞은 '기록 글'을 만든 위대한 유산이에요.

훈민정음은 소리 나는 대로 적을 수 있는 과학적 글자에요.

백성들은 훈민정음을 처음 보았을 때, 눈앞에 펼쳐진 글자가 마치 자신들의 목소리를 담은 거울 같다고 느꼈어요.

"아, 이것은 내 마음을 대신 말해주는 글자구나!"

밭일하며 부르던 노랫소리가, 아이를 재우며 들려주던 자장가가, 슬픔에 잠겨 흐느끼던 울음소리가 훈민정음으로 기록되기 시작했어요.

이제 백성들은 더 이상 가슴속 깊은 이야기를 마음속에만 담아두지 않아도 되었어요.

사랑하는 이에게 편지를 쓰고, 자식에게 생활의 지혜를 남겼어요. 그들의 언어는 종이 위에 영원히 살아 숨 쉬게 되었답니다.

훈민정음이 널리 퍼뜨려 알려지자, 양반들이 강하게 반대했어요.

최만리가 대표적인 집현전 학자 인물이에요.

그는 1444년 훈민정음 창제 직후, 6가지 이유를 들어 임금님에게 반대하는 글을 올렸어요. 그는 중국을 위대하게 믿는 사람이었어요.

첫째, 조선은 중국의 문화를 본받는 나라로 한자와 다른 고유 문자를 만드는 것은 중국에 대한 예의에 어긋난다.

둘째, 몽골, 여진, 일본 등 고유 문자를 가진 민족은 오랑캐다. 조선도 그런 문자를 만들면 오랑캐로 보일 수 있다.

셋째, 훈민정음은 너무 쉽고 천하여 고급 학문과 멀어지고 조선의 문화 수준이 떨어질 것이다.

넷째, 억울한 재판은 문자의 어려움 때문이 아니라 관리의 자질 문제라며, 새로운 문자를 만들 이유가 없다.

다섯째, 국민의 합의 없이 소수 사람들이 급하게 추진하고 있으며, 세종이 지나치게 정성을 쏟고 있다.

여섯째, 세자 문종이 학문에 집중해야 할 시기에 글자 만드는 데 참여하는 것은 바람직하지 않다.

세종대왕은 최만리의 반대 글에 구체적으로 반대하며 말했어요.

훈민정음은 백성을 위한 문자다. 설총이 이두를 만든 것처럼, 훈민정음도 백성을 편하게 하기 위한 것이라며 그 이유를 정확하게 강조했어요.

또한, 중국의 눈치를 보기보다 조선의 현실에 맞는 문자가 필요하다고 주장하며 목구멍을 모양에 따라 만든 문자로, 학문의 결과임을 강조했어요.

세종대왕은 훈민정음은 국가적으로 중대한 일이므로 왕세자의 참여는 당연하다고 반박했지요.

훈민정음에 대한 반대는 중국을 따르는 사대부들의 욕심이었어요.

글자는 동서양에서 가진 자들이 지배를 위해 사용했던 아픈 역사가 있어요.

누구나 쉽게 글자를 알면 그들이 가지고 있는 권력이 사라질 것이라는 불안감이 가장 큰 원인이었어요.

그러나 세종은 백성이 편리해야 하며 자신의 의지로 일어나야 함을 강조하고 이를 극복하고 훈민정음을 성공적으로 널리 알렸어요.

소리를 기록할 수 있는 글자가 생기자, 사람들은 자유로운 언어로 자기 생각과 감정을 표현할 수 있게 되었어요.

글은 우리의 생각과 경험, 지식을 이웃에게 전달하고 기록을 통해 후대 교육을 할 수 있는 것이에요.

훈민정음은 이 땅의 모든 이들이 자신의 이야기를 쓸 수 있게 해준, 하늘의 소리를 담은 위대한 문자이에요.

인터넷 문자 시대, 유일한 과학적 한글

훈민정음은 급속한 변화를 이끌어가는 인터넷 문자 시대에 신속 정확한 메시지를 전달하는 문자에요.

한글은 세계 7,000여 개 언어 중에 유일한 과학적 문자에요.

오늘날, 한국이 세계 인터넷 강국으로 떠오른 비결에는 과학적 문자로 신속 정확하게 정보를 교류할 수 있기 때문이에요.

500년 전 세종은 수천 년 동안 이어져 내려온 표음문자, 이두 문자를 과학적으로 만든 ㄱ, ㄴ, ㄷ, ㄹ, ㅁ, ㅂ, ㅅ, ㅇ, ㅈ, ㅊ, ㅋ, ㅌ, ㅍ, ㅎ 자음 14자와 ㅏ, ㅑ, ㅓ, ㅕ, ㅗ, ㅛ, ㅜ, ㅠ, ㅡ, ㅣ모음 10자의 조합으로 세상의 모든 소리를 문자로 기록할 수 있는 유일한 글자에요.

자음과 모음의 초성(19자) × 중성(21자) × 종성(28자) = 11,172가지의 글자를 만들 수 있는 세계 유일의 글자예요.

한글은 전 세계의 모든 문자를 컴퓨터에서 정확하게 표현하고 처리할 수 있도록 만든 국제 표준 문자 한글 영역의 인터넷 시대 선두 문자로 사용되고 있어요.

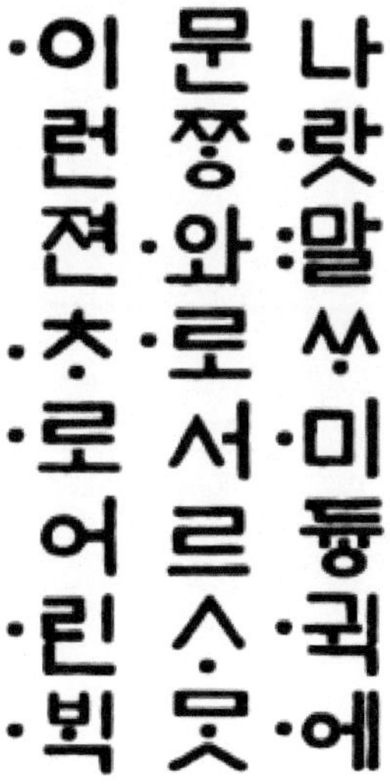

훈민정음

제27편

세계 최초 철갑 거북선

배는 인류가 바다로 꿈을 싣고 나가기 위한 인류의 꿈이었어요.

고조선 시대부터 이어져 온 배의 역사는 삼국시대에 이르러 더욱 발전했어요. 고구려의 한선, 신라의 무역선, 백제의 백제선이에요.

고려 때, 누선은 넓고 튼튼한 판옥선의 기초 형태로 개발된 전투배로 조선 기술이 발전했지요. 누선은 조선 기술의 역사를 병선으로 바꾸는 계기가 되었어요.

누선은 고려사에 기록되어 있어요. '누각이 있는 배', 갑판 위 상층 구조에 누각을 설치한 목선으로 길이 96척에 달하는 대형으로 해상 전투에 알맞는 전함이에요.

누선에는 철로 만든 뿔을 선체에 부착해 상대 배를 들이받는 기능도 있어 적의 배에 부딪치는 공격선이었어요.

1380년, 고려 말기 진포해전에서 최무선, 나세, 심덕부 장군은 누선을 포함한 병선으로 일본 배 수백 척을 물리쳤어요.

장군과 장인의 신뢰

누선을 만드는 일은 거대한 산을 옮기는 것만큼이나 어려운 일이었어요. 배가 절반쯤 완성되었을 때, 이 거대한 사업을 맡긴 장군이 불안한 얼굴로 작업장에 나타났어요.

"장인, 대체 언제쯤 완성이 되나요? 적들은 시시각각 몰려오고 있소! 이 배가 과연 저 거친 파도를 견뎌낼 수 있겠소?"

장군의 목소리에는 초조함이 묻어 있었지요. 장인은 잠시 망설이다가 땀에 젖은 손으로 거대한 배의 선체를 만지며 대답했어요.

"장군님, 이 배는 그저 나무를 이어 붙인 덩어리가 아닙니다. 수백 년 풍파를 견딘 나무의 혼을 담았고 우리 백성들의 마음이 깃들어 있습니다. 저는 이 배가 흔들림 없이 바다를 가로지를 수 있도록 가장 튼튼하게 만들고 있습니다. 바다 위를 지배할 배가 될 것입니다."

장인의 확신에 찬 눈빛을 본 장군은 더 이상 재촉하지 않았어요.

고려의 조선 기술과 판옥선, 그리고 거북선

고려 기술자들은 험난한 파도와 적들의 공격에도 끄떡없는 튼튼한 배를 만들기 위해 밤낮으로 연구했어요. 배 위에 넓은 판을 얹어 전투 공간을 마련한 판옥선의 초기 형태를 만들었어요. 이 배는 많은 병사가 배에 타서 적을 공격할 수 있어 일본 배를 쳐서 없애는 데에 큰 역할을 했지요.

판옥선은 조선 시대 명종 10년, 1555년에 완성되었어요. 이 시기는 1510년 삼포왜란, 1555년 을묘왜변 등 일본의 침입이 잦아지던 때, 기존의 평선 구조의 맹선이 전투에 적합하지 않다는 판단 아래 남도포 만호였던 정걸 장군이 최초로 판옥선을 만들어 실제 싸움에 나갔어요.

임진왜란은 1592년 5월 23일에 시작되어 1598년 12월 16일에 끝난, 약 6년 7개월간 이어진 전쟁이에요.

이순신은 수백 척의 일본 배를 물리치기 위해 고민했어요. 당시 우리는 100여 척의 판옥선이 있을 뿐이었지요.

판옥선 약점은 배의 위쪽이 뚫려 있어 적들이 불화살을 쏘거나 배 위로 뛰어 올라오면 어찌할 도리 없이 꼼짝없이 당할 수밖에 없었어요.

'적의 공격으로부터 병사들을 보호할 방법은 없을까?'

이순신 장군은 생각했어요.

고려 시대부터 이어진 조선 기술과 판옥선의 장점을 합한 새로운 아이디어가 떠올랐어요.

판옥선 위에 단단한 뚜껑을 덮어 적의 공격을 막고, 그 위에 뾰족한 철심을 박아 적이 쉽게 올라오지 못하게 만든 거북선이었지요.

거북선은 고려 시대의 절박함과 기술력, 조선 시대 이순신 장군의 천재성이 만들어낸 우리 민족의 지혜와 용맹함을 보여주는 자랑스러운 유산이에요.

거북선

빈틈없는 방어와 압도적인 위용

거북선의 가장 큰 특징은 바로 그 독특한 구조에 있었어요.

단단한 나무와 철, 가죽으로 만든 등껍질 위에는 수많은 쇠못이 촘촘히 박혀 있어, 적군이 감히 배 위로 올라올 엄두조차 내지 못했지요.

등껍질에는 놀라운 비밀이 숨겨져 있었는데, 바로 360도 방향으로 향해 대포를 쏠 수 있는 대포 구멍이 촘촘히 뚫려 있다는 점이었어요.

거북선 양옆에 각각 22개, 머리 근처에 4개, 그리고 등 지붕 위에 12개에 달하는 포구멍은 마치 살아있는 거북이 숨 쉬듯 바다를 지키는 눈이 되었답니다.

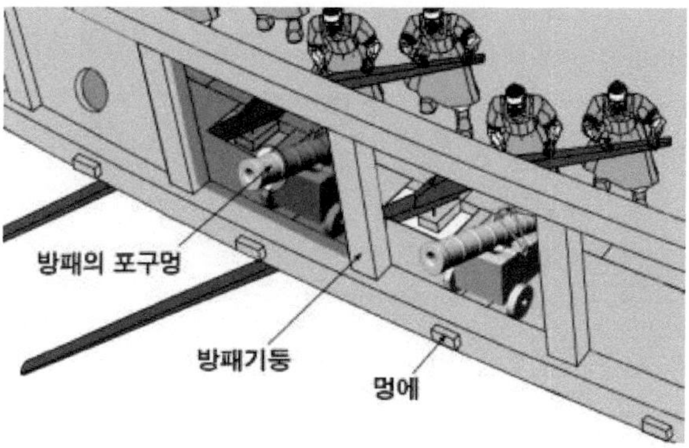

| 거북선 화포 |

용머리 화포와 강력한 대형 화포

거북선의 진정한 위력은 바로 그 강력한 화력에 있었어요.

배의 전면에 위협적으로 솟아 있는 용머리는 장식이 아니었지요. 그 안에는 적을 향해 불을 뿜는 화포가 숨겨져 있었고, 때로는 유황 등을 태워 자욱한 연기를 뿜어내며 적들에게 혼란과 최고의 공포를 안겨주기도 했어요.

거북선은 당시 조선의 자랑이었던 천자총통, 지자총통, 황자총통 등 막강한 대형 화포를 장착하여 적의 함대를 향해 폭풍우와 같은 포탄을 퍼부었어요.

마치 바다의 전차처럼 거침없이 돌진하여 적진을 휩쓴 거북선은 바다에서 싸우는 전쟁에서 승리를 얻는 데 결정적 역할을 해냈어요.

임진왜란의 침략, 검은 파도

1592년, 고요했던 조선의 바다에 검은 그림자가 드리워지기 시작했어요. 도요토미 히데요시가 야심을 품고 보낸 거대한 함대가 조선의 남해를 뒤덮었어요.

제1차 침공 때 무려 700척 이상의 함선이 바다를 메웠고, 5년 후인 제2차 침공 때는 1,000척 규모의 대함대가 10만 명의 추가 병력을 싣고 다시 몰려왔지요.

마치 바다가 통째로 움직이는 듯한 엄청난 병력은 나라를 공포에 몰아넣었고 육지에서는 소총으로 무장된 적군을 막지 못하고 무참히 당하는 위기에 처했어요.

한산도, 그 새벽의 긴박한 보고

고요한 새벽, 안개 낀 한산도 앞바다에는 긴장감만이 감돌고 있었어요. 적의 동정을 살피기위해 높이 지은 망루에서 밤을 지새운 병사가 다급한 발걸음으로 이순신 장군이 있는 막사로 뛰어들었어요.

"장군님! 큰일 났습니다. 저 멀리서 일본 배들이 몰려오고 있습니다.!"

"그 수가 헤아릴 수 없을 정도로 많습니다!"

병사들의 목소리에는 두려움이 가득했어요.

그의 등에는 식은땀이 흘렀고, 눈은 공포에 질려 있었어요.

보고를 들은 다른 장수들의 얼굴에도 불안한 기색이 스쳤어요.

적의 함대가 얼마나 많은지 이미 수많은 전투를 치러온 그들도 그 규모에 압도당하는 듯했지요.

그러나 이순신 장군의 표정은 달랐어요. 그는 차분하고 흔들림 없는 눈빛으로 병사를 바라보며 고개를 끄덕였어요.

"알았다. 몇 척이라 하더냐?"

"대략… 100척이 넘는 것으로 보입니다! 지금도 계속해서 밀려오고 있습니다!"

병사의 다급한 외침에도 이순신 장군은 조금의 흔들림도 보이지 않았어요. 그는 차분하게 자리에서 일어나, 한산도 지도를 펼쳐 들었어요.

"명령이다. 판옥선은 일자진을 갖추어라. 거북선은 판옥선의 뒤에 숨어 있다가 내가 신호를 보내면 적의 중앙으로 돌진하여 적을 흩트려 놓아라."

"적진으로 들어가면 유황을 태워 뿜어내라!"

장군의 명령에 따라 모두가 빠르게 움직였어요.

거북선과 방패연, 신기전의 전략

이순신 장군은 방패연에 의한 명령을 훈련해 왔어요.

"방패연을 띄워 각 함선에 신호를 보내라"

병사들은 빠르게 장군의 지시에 따라 방패연을 올렸어요.

방패연의 모양, 색깔이 공격과 후퇴, 어느 방향으로 공격하고, 후퇴하는 지시가 담겨 있었지요.

배 위에서는 병사들이 화포를 준비하면서 방패연의 지시에 맞춰 신기전의 방향을 잡았어요.

"신기전으로 적의 배를 향해 화살을 쏠 준비를 해라."

이순신 장군의 목소리는 조용했지만, 그 한마디 한마디에는 흔들림 없는 강철 같은 의지가 담겨 있었어요. 장수들은 그의 침착한 지시에 따라 다시금 싸우고자 하는 의욕을 불태웠어요.

"저들이 아무리 많다 한들, 우리 바다는 우리가 지킨다."

"각자 지시에 따라 공격하라"

그의 마지막 한마디는 명령이 아닌 절망 속에서 피어난 확신이자 희망이었어요. 그렇게 새벽의 안개를 뚫고 조선 수군은 승리를 향한 거대한 전투를 이끌었어요.

불멸의 영웅, 바다를 지키다.

절망의 순간, 바다의 사나이 이순신 장군이 기적을 만들어냈어요.

그는 뛰어난 전략가답게 여러 첨단 무기와 전술을 활용했는데 특히 방패연과 신기전은 그의 지혜롭고 뛰어난 슬기를 잘 보여주는 전술이었어요.

방패연을 이용해 멀리 떨어진 함선 간에 복잡한 명령과 신호를 주고받았고, 강력한 화약 무기인 신기전 화살은 적의 함대를 향해 비 오듯 불화살을 쏟아 막대한 피해를 줬지요.

이러한 전략으로 한산도 앞바다에서 학익진을 펼쳐 일본 군함 100척 이상을 침몰시키거나 물리친 한산도 대첩은 전투 상황을 뒤 집는 결정적인 승리였어요.

그리고 5년 뒤, 명량 해협의 거친 물살을 이용한 전술로 단 13척의 배로 133척의 일본 함대에 맞서 싸워 30척 이상을 파괴한 명량 해협 대첩은 불가능을 가능케 한 전설로 남았어요.

이처럼 조선 수군은 숫자로는 열세이었지만 강한 용맹과 땅 위의 모든 것을 이용하는 지혜로 적들에게 엄청난 피해를 주었어요.

전쟁의 끝, 노량에서 승리의 뱃고동이 울리다

전쟁의 끝자락, 마지막 대규모 해전인 노량 해전이 벌어졌어요.

일본은 마지막까지 남아 있던 500척 이상의 함선을 총동원하여 공격했어요.

하지만, 이순신 장군과 명나라 수군이 이끄는 연합군은 이를 놓아주지 않았지요. 치열한 전투 끝에 일본군은 200척 이상이 침몰하고 100척 이상이 막대한 피해를 보며 완전히 파괴됐어요.

노량 해전은 일본의 해상 전력을 완전히 침몰시켜 임진왜란을 끝맺는 결정적인 승리이자, 이순신 장군이 마지막까지 빛을 발했던 역사로 기록되었답니다.

거북선은 뛰어난 지혜로 판옥선에 뚜껑을 덮은 배였어요. 적의 화살과 총탄을 튕겨내는 단단한 등껍질과 용의 머리 모양을 한 포문을 통해 화포를 발사하고 유황 연기로 적진을 혼비백산하게 만들어 이루어낸 훌륭한 승리였어요.

거북선은 360도 회전하며 좌우 화포로 공격함으로 일본 배를 물리쳤고 방패연과 신기전 발명품의 합작으로 성공한 바다의 전차였어요.

오늘날 K 조선 산업은 오랜 조선 기술의 발달과 방패연의 통신 수단, 다연발 로켓 신기전, 화포의 조선 기술 유전자를 이어받아 만드는 첨단기술이랍니다.

제28편

K 문화 판소리

예로부터 인류는 소리를 통해 감정과 소식을 전달해 왔어요. 타악기, 목소리, 자연의 소리 등과 같은 소통 방법으로 서로의 생각을 나누었어요.

판소리의 판은 여러 사람이 모인 마당으로 생활의 지혜와 지식을 노래와 이야기로 함께 나눈 한민족의 소리 마당이에요.

역사에서 판소리는 오락거리뿐만 아니라, 고단한 생활을 살아가는 서민들에게 잠시나마 여유를 나누는 놀이였지요.

농사일이나 고된 노동으로 지친 몸을 이끌고 모여 앉아, 소리꾼의 구성진 목소리에 귀 기울이며 여유를 느꼈답니다. 이처럼 생활의 여유는 억눌렸던 감정을 풀고 복잡한 일을 잠시 잊게 함으로써 사람들의 마음속에 새로운 힘이 되었어요.

판소리는 정해진 글이 아닌, 소리꾼의 즉흥적인 재능에 따라 이야기를 더하고 빼는 재치와 재미의 마당으로 자연스럽게 제각기 생각을 키웠어요.

소리꾼은 관객의 반응에 따라 우스꽝스러운 말장난을 덧붙이거나, 풍자적인 대사를 그자리에서 함께 만들었어요.

“얼씨구!” “좋다!”라고 관객이 맞장구쳤지요.

소리꾼과 관객이 함께 어울려 새로운 이야기를 만들어 가며 민족의 창의성도 커졌어요.

판소리

창의성을 키운 판소리

"할아버지, 예로부터 이어진 우리 소리 문화, 이야기를 해주세요."

"그래, 옛날엔 말이지, 사람들이 글자를 몰라도 소리를 통해 서로 마음을 나누고, 이야기를 전했단다. 꽹과리나 장구 같은 타악기 소리에 맞춰 춤을 추고 노래를 부르며 서로의 기쁨과 슬픔을 함께 나눴지. 그렇게 시작된 소리가 바로 판소리의 뿌리란다."

"판소리요? TV에서 본 적은 있는데, 어떤 건지 잘 모르겠어요."

"판소리는 한 명의 소리꾼이 북을 치는 고수(북 반주를 맡아 장단을 맞추고 추임새를 넣는 사람)의 장단에 맞춰 긴 이야기를 노래와 대화, 몸짓으로 들려주는 종합 예술이란다. '춘향가', '심청가' 이야기들을 노래로 풀어낸 거지. 옛날 소리꾼들은 '광대'라고 불리며 마을 잔치나 장터를 떠돌아 다녔단다."

"광대요? 그럼, 그분들은 어렵게 사셨겠네요."

"맞아. 신분이 낮은 취급을 받으면서도 오직 소리에 대한 열정 하나로 살았어. 밤낮으로 목청을 다듬고, 폭포수 아래에서 소리를 내기 위해 혹독한 수련을 했지. 그들에게 소리는 밥벌이가 아니라 생활의 슬픔을 풀어내는 유일한 방법이었단다."

"와, 정말 놀랍네요. 그분들의 그런 노력이 있었기 때문에 지금까지 전해지는 거군요."

"그렇지. 특히 일제강점기에는 나라 잃은 백성들의 아픔과 슬픔이 판소리 속에 고스란히 담겨 있단다. 같은 이야기라도 동쪽 지역의 '동편제' 소리는 웅장하고 힘 있는 소리였고, 서쪽 지역의 '서편제' 소리는 애절하고 슬픈 소리로 시대의 아픔을 다르게 표현했지. 판소리는 그렇게 우리 민족의 슬픔과 기쁨의 이야기란다."

"할아버지, 이야기를 들으니, 판소리가 더 특별하게 느껴져요. 단순한 옛날 노래가 아니라, 그 안에 우리 선조들의 생활과 정신이 담겨 있다는 걸 알았어요."

"그래, 판소리는 과거의 유산이 아니라 지금도 우리와 함께 있는 소리란다. 소리꾼의 목소리가 울려 퍼질 때마다, 그 안에 담긴 이야기는 현재까지 우리에게 깊은 감동을 전해주고 있어. 판소리는 앞으로도 계속 이어질 우리의 소중한 문화란다."

판소리의 재치와 창의성

판소리에서 주고받는 말은 즉흥적으로 말하고 행동하고 새로운 것을 생각해 내는 예술이에요.

소리꾼은 재치 있는 언어를 통해 듣는 사람들의 흥미를 가지게 만들고 재미를 더욱 높여 주지요.

예를 들어, 비슷한 발음의 단어들을 늘어 놓거나 상황에 맞지 않는 엉뚱한 이야기로 관객들에게 웃음을 주곤 해요.

이러한 언어는 등장인물의 성격을 효과적으로 나타내요.

놀부처럼 탐욕스러운 인물은, 짐승의 울음소리를 흉내 내거나 과장된 소리나 동작으로 인물의 우스꽝스러움을 나타내요.

이야기 속에 말장난은 풍자와 익살스럽고도 나름의 품위 있는 말과 행동이지요.

심각한 상황 속에서도 재치 있는 말장난을 통해 듣는 이들의 긴장을 풀어주고, 그 속에 담긴 사회 비판의 메시지를 더욱 날카롭고 유쾌하게 전달하지요.

결국, 판소리는 재미와 판소리가 가진 예술적 깊이와 풍부한 표현을 나타내는 창의성이에요.

해학을 담은 판소리와 K 랩

판소리는 조선 시대 서민들의 삶을 그대로 담아낸 예술이에요.

오늘날, K-랩처럼 힘겨운 현실 속에서 느끼는 슬픔과 기쁨을 웃음으로 만들어내는 지혜가 해학의 판소리에요.

특히 판소리 흥부가, 춘향가, 심청가, 수궁가, 적벽가에는 이러한 서민들의 생활이 고스란히 나타나 있어요.

"할아버지, 예전에 판소리는 사람들을 배꼽 빠지게 웃기었나요? 판소리가 그렇게 재밌었어요?"

"그럼! 판소리라고 해서 다 슬프고 진지한 소리만 있는 게 아니란다. 특히 '흥부가' 같은 판소리는 재치 있는 말장난과 익살스러운 대목이 많았어. 가난한 흥부가 박을 타서 금은보화를 얻는 이야기인데, 그 과정이 참 재밌지"

"어떻게요?"

"흥부가 놀부를 찾아가서 '형님, 저 좀 도와주세요.' 하고 비는 장면에서 놀부가 '이놈, 네가 나한테 얻어맞으러 왔느냐!' 하면서 주먹을 내는 표현을 옆에 소리꾼이 '마당쇠가 나를 잡고 족제비 젓가락으로 콕콕 찔러서 으아, 아이고!' 이런 식의 노래로 풀어내는 거지, 그러면, 관객들은 그런 익살스러운 표현에 웃음을 터뜨렸지."

"아, '아프다', '맞았다'라고 표현하는 게 아니라, 재미있게 꾸며서 말하는 거네요!"

"그렇지! 또, 판소리에는 재미나는 이야기라는 게 있는데, 이건 소리꾼이 노래 중간 중간에 청중들과 주고받는 농담이나 우스갯소리 같은 거야. 예를 들면, 소리꾼이 '오늘 북 치는 고수가 잠을 못 잤나 보네! 하며, 장단이 엉망이여!'라고 말하면, 관객들은 하하, 호호 웃으며 고수에게 '정신 차려!' 하고 소리도 치지. 그렇게 소리꾼과 관객, 고수가 함께 만들어가는 분위기가 있었단다."

"와, 그럼 관객들도 공연 하는 거였네요?"

"그렇지! 옛날 판소리 공연은 딱딱한 무대가 아니라, 사람들과 함께 호흡하는 마당이었어. 소리꾼이 가난한 백성을 억누르는 양반을 풍자하는 부분을 노래하면, 관객들은 통쾌해하며 '얼쑤!' 하고 장단을 넣었지. 그 장단 하나하나가 소리꾼에게는 큰 힘이 되었고, 소리꾼은 또 그 힘을 받아 더 신명 나게 소리를 냈어. 판소리는 시대의 부조리를 꼬집는 풍자와 재미를 담은 소리이기도 했단다."

"그럼, 우리가 부르는 랩과 같네요."

"그렇지, 오늘날 K 랩이 세계적 인기를 얻는 것도, 알고 보면 오래전부터 불러온 판소리와 같기 때문이란다."

"정말 재밌네요! 단순한 노래가 아니라, 옛날 사람들의 웃음과 슬픔, 그리고 날카로운 비판까지 담겨 있었다니 신기해요."

"그래, 판소리에는 우리 민족의 '끼'와 '흥', 그리고 시대를 향한 지혜가 모두 담겨 있단다. 그래서 지금까지도 많은 사람이 판소리를 좋아하고 감동하는 거겠지."

"정말, 우리 민족은 슬픔이나, 고달픔이나, 마음의 상처를 노래로 풀어가는 능력이 있는 것 같아요."

판소리로 전하는 교훈

판소리는 노래를 통해 한국인의 창의성과 지혜를 키운 교육의 마당이었어요.

춘향가를 통해 진정한 사랑과 믿음과 의리를 배우고, 심청가를 들으며 효의 가치를 깨닫고, 흥부가에 담긴 물질의 욕심에 대한 풍자를 통해 삶의 교훈을 얻었죠.

이러한 이야기들은 정해진 이야기가 아니라, 시대의 흐름과 지역의 정서에 따라 끊임없이 변화를 가르치는 교훈이었어요.

소리꾼들은 정해진 글에 얽매이지 않고, 청중의 반응과 시대의 문제점을 즉흥적으로 이야기를 재미있게 꾸며 냈지요.

소리꾼들의 이러한 즉흥성은 판소리를 마을사람들 간의 소통과 창작의 마당으로 만들었어요.

소리꾼은 마을 사람들의 상처와 추억을 이야기 속에 넣고, 때로는 권력자의 횡포를 익살스럽게 풍자하여 답답한 현실을 지혜롭게 웃음으로 풀어주었어요.

"할아버지, 소리꾼이 그 자리에서 이야기를 더하고 빼고 했다는 게 정말 새로운 것 같아요."

"소리꾼이 어느 동네에 가면, 그 동네에서 있었던 재미난 이야기나 슬픈 사연을 판소리 가사에 쏙 집어넣었단다. 예를 들어, '춘향가'를 부르다가 '이 고을 사또의 생김새는 마치 김 서방네 마당쇠와 똑 닮았구먼!' 하고 농담을 던지는 거지. 그럼, 그 동네 사람들은 '맞다! 맞아!' 하면서 배꼽을 잡고 웃었어. 소리꾼은 관객들의 반응을 보며 더 재미나게 이야기를 꾸몄고, 관객들은 또 그 소리에 맞춰 '얼쑤!' 하고 장단을 냈지. 그렇게 판소리 한마당은 소리꾼과 관객이 함께 주고받으며 만들어가는 창작 마당이었단다."

"아! 그럼, 판소리가 이야기만 들려주는 게 아니라, 그 동네 사람들의 슬픔과 추억을 함께 나누는 자리였군요."

"맞아. 가난에 찌든 백성들의 생활, 부당한 양반의 횡포 같은 지역의 슬픔을 지혜롭게 풍자하는 내용도 많았지. 판소리는 그 시대 사람들의 마음을 담은 이야기였어. 이처럼 즉흥적으로 이야기를 엮어내는 능력, 이것이 바로 우리 민족의 특별한 끼가 아닐까 싶구나."

"정말 멋져요! 판소리 덕분에 우리들의 재치와 끼를 키울 수 있었네요. 이야기를 자유롭게 만들고, 나누는 놀이이자 문화네요."

"그렇단다. 판소리는 우리 민족의 정서와 지혜, 그리고 끝없는 창의성이 깃든 소중한 문화유산이지. 그 이야기는 지금도 우리 생활 속에 살아 새로운 생각을 주고 있단다."

이처럼, 우리 민족은 강강술래, 하회탈, 판소리 등의 해학 놀이를 하면서 생각을 더 하고 빼는 다양한 창의성을 키워 온 민족이에요.

오늘날 K-pop 시작이 해학의 마당놀이에서 발달되어 세계 속의 K 문화를 만들고 있는 것이지요.

이야기에 새로운 것을 더하거나 빼면서 사람들과 소통하며 한국인의 창의성을 키운 선조들의 지혜랍니다.

판소리는 시대를 꿰뚫는 지혜와 생활의 문제를 해학으로 풀어낸, 우리 민족의 창의성과 함께 성장해 온 소중한 문화유산이에요.

판소리- K pop

제29편

천문관측기 혼천의 발명

옛날 아주 먼 옛날, 밤하늘은 언제나 신비로웠어요. 셀 수 없이 많은 별이 반짝였고 둥근 달은 밤길을 환히 비추었죠. 하지만 그저 아름답기만 한 게 아니었답니다!

이 별들과 달, 그리고 움직이는 해의 모습 속에는 백성들의 생활이 고스란히 담겨 있었어요.

농사를 짓는 농부들은 씨앗을 언제 뿌려야 할지, 언제 추수해야 할지, 늘 하늘의 흐름을 보았어요. 임금님과 학자들은 백성들의 풍요로운 생활을 위해 하늘의 움직임을 정확하게 알아야만 했죠. 바로 그때! 조선의 지혜와 기술이 한데 모여 탄생한 특별한 보물, 바로 혼천의가 발명되었어요.

혼천의

하늘은 위대한 달력

넓은 벌판에 푸른 하늘이 펼쳐진 고조선 시대, 사람들에게 하늘은 생활을 가르치는 위대한 달력이자 예언가였죠.

어느 날, 마을의 지혜로운 어르신이 젊은이들을 모아놓고 이야기했어요.

"봐라, 저 밤하늘의 별들이 어제와 다르지? 곰의 꼬리가 저만큼 움직였으니 이제 곧 씨앗을 뿌릴 때가 된 게다."

국자처럼 꼬리의 끝별, 북두칠성은 그냥 별이 아니라 씨를 뿌리고 추수하는 시기를 알려주는 가장 정확한 달력이었어요.

고조선 사람들은 북두칠성의 위치가 계절에 따라 변하는 것을 보고 농사 시기를 짐작했지요. 그들에게 별은 살아 가는데 중요한 시기를 가르쳐준 것이에요.

고조선 시대 고인돌에 새겨진 별자리들은 그들이 이미 별의 움직임을 파악하고 기록할 줄 알았음을 보여주고 있어요.

일부 학자들은 고조선 이전의 '환단고기'에 하늘의 변화를 기록한 "오성취루" 라는 글에서 태양에 다섯 개 행성이 모이는 현상을 말하기도 해요.

이러한 기록은 고대 사회에서 우주를 보고 운이 좋고 나쁨을 점치는 중요한 수단이었다는 것이에요.

이후 고구려 시대에 이르면 별로 미래를 보았어요.

무덤 벽화에 그려진 별자리들은 하늘의 질서가 곧 왕이 다스리는 힘을 나타냈어요.

왕이 하늘의 별자리를 읽는다는 것은 백성을 다스리는 능력을 가지고 있다는 것을 보여주는 것이었어요.

그래서, 신라 시대, 고대 동아시아에서 가장 오래된 천문대인 첨성대가 세워졌어요.

신라의 첨성대는 이러한 왕권을 나타내는 것이었어요. 하늘의 뜻을 읽기 위한 거대한 눈이었어요. 왕이 첨성대에 올라 별을 바라보는 모습은 백성들에게 깊은 믿음을 심어 주었어요.

첨성대는 일반적인 건물이 아니라, 하늘을 보는 천문학이 국가의 중요한 학문이라는 것을 보여주는 것이었죠.

이처럼 고조선부터 신라에 이르기까지, 한국인들은 하늘을 움직임을 보고 생활의 지혜와 나라를 다스리는 방법을 찾았어요.

하늘은 이들의 역사와 문화 속에 깊숙이 자리 잡고 있었어요.

고려 시대에는 중국의 천문 기술을 적극적으로 받아들이며 더 정교한 관측을 시도했어요.

| 첨성대와 혼천의 |

"김 영감. 요새 밤하늘을 보셨소?"

"허허, 박 서방. 밤하늘이 뭐가 그리 신기하다고 그러시오?"

"아니, 그게 말이오. 송나라에서 왔다는 천문 기구를 보니, 우리 별자리와는 또 다른 것이 있더이다."

고려 수도, 개경의 밤은 별빛으로 가득했어요.

왕실의 천문학자들은 송나라에서 들여온 천문 기구를 보며 밤을 지새웠어요. 정교한 기구에 감탄하면서도 한편으로는 송나라 별자리 기록과 우리 하늘이 달라 아쉬움에 한숨을 내쉬었어요.

"영감, 저 기구가 참으로 신기하긴 하오만, 저 기구로 우리 땅의 절기를 정확히 알 수는 없지 않겠소? 해가 뜨고 지는 시간도, 달이 차고 기우는 것도 우리 땅과는 조금씩 다르니 말이오."

"그렇다마다. 아무리 좋은 기구라도 우리 하늘에 맞지 않으면 소용없는 법이지."

그들은 중국의 달력에 의존해야 하는 현실에 답답함을 느꼈어요.

마치 다른 사람의 옷을 빌려 입은 것처럼, 어딘가 모르게 불편하고 맞지 않았지요.

"하지만, 박 서방. 이 모든 노력이 헛된 것은 아닐거요."

"무슨 말씀이신가요?"

"우리가 지금 배우고 익히는 이 지식이 훗날 우리만의 달력을 만들고, 우리만의 하늘을 읽는 데 큰 도움이 될 것이오. 지금은 비록 중국의 것을 빌려 쓰고 있지만, 언젠가 우리 후손들이 이 지식을 바탕으로 하늘을 기록하는 날이 올 것이오."

그들의 예언은 정확했어요. 고려 시대의 과학자, 발명가들은 비록 직접 천문 기기를 완성하지는 못했지만, 중국의 선진 기술을 배우고 연구하며 우리 하늘을 관찰하게 되었어요.

고려는 그렇게, 위대한 꿈을 꾸며 씨앗을 뿌리는 '준비의 시대'였어요. 고려 사람들의 노력 덕분에 조선 시대에는 우리 하늘의 별자리를 기록하게 되었어요.

조선의 혼천의를 만들어라.

중국의 달력, 역법은 우리 하늘과 조금 달랐어요.

그래서, 우리 하늘을 관찰하기 위해 조선 시대에 세종대왕과 발명가 장영실이 만나면서 혼천의를 발명했어요.

장영실은 중국과 아라비아의 기술을 합하고, 조선의 별자리에 맞는 새로운 기술을 더해 혼천의와 자격루 같은 우리의 천문 기기를 만들었어요.

더 이상 다른 나라의 하늘에 의존하지 않고, 우리 하늘을 연구하는 시대가 되었어요. 별자리 변화에 따라 농사를 준비하기 때문에 별자리를 연구하는 것이 중요했어요.

조선 시대, 창경궁의 깊은 밤. 세종대왕은 젊은 발명가 장영실과 함께 별이 쏟아지는 밤하늘을 올려다보며 여러 이야기를 나누고 있었어요.

"전하, 오늘도 밤하늘이 참으로 아름답습니다."

"그러하구나, 영실아. 중국 하늘 연구 자료를 우리 하늘에 맞춘다니 답답하구나."

세종의 얼굴에는 백성을 위한 우리의 별자리 자료를 연구하려는 마음으로 간절했어요.

"전하, 송나라와 아라비아의 별자리를 연구하고 있사오나, 우리 하늘과는 조금씩 다릅니다."

"그렇다. 우리의 농사 주기는 그들과 다르거늘, 어찌 다른 이의 눈으로 하늘을 보겠느냐? 영실아, 너는 이 나라의 백성을 위해, 이 땅의 하늘을 읽어낼 수 있는 새로운 눈을 만들어 보겠느냐?"

세종의 단호한 명령에 장영실은 고개를 숙였어요.

그러나 그의 눈은 이미 밤하늘의 별처럼 빛나고 있었죠. 그는 세종의 적극적인 지원으로 낡은 기록보다 새로운 기술 연구에 밤낮없이 매달렸어요.

일부 신하들은 중국 기술을 제외하고 조선 기술을 개발하는 데 반대했어요. 중국을 조선보다 큰 나라라고 생각하고 다른 것을 만드는 장영실을 비롯한 과학자들의 연구를 방해했어요.

그러나, 세종의 지원으로 이들은 연구개발에 성공했지요.

"전하, 마침내 해냈습니다! 중국의 혼천의에 우리 자격루의 물시계 기술을 결합하여, 하늘의 움직임과 시간을 동시에 알려주는 새로운 기구를 만들었사옵니다!"

장영실이 완성한 "혼천의"는 오랜 세월 중국 기술을 빌려 써야 했던 것을 극복하고, 조선의 새로운 기술로 만든 관측기로 위대한 발명품이었어요.

하늘을 품은 세 개의 세계

장영실이 만든 혼천의는 마치 세 겹의 구슬이 겹쳐진 신비로운 모습이었어요. 세 개의 고리로 만들어져 있었지요.

바깥에는 땅을 상징하는 거대한 고리들이 있었어요. 이 고리들은 동서남북의 방향을 알려주는 '지평선'과 정북, 정남을 가리키는 적도와 수직으로 만나는 '자오선'으로 나타냈죠. 마치 땅 위에 서서 하늘을 올려다보는 모양이었어요.

안에는 태양과 달이 다니는 길을 나타내는 고리들이 있었어요.

이 고리들은 천천히 움직이며 해와 달이 하늘을 가로지르는 모습을 정확하게 보여주었어요. 사람들은 이 고리 들을 통해서 해가 뜨고 지는 시간, 달이 차고 기우는 때를 쉽게 알 수 있었지요.

가장 안쪽에는 별을 관측하는 작은 고리가 자리 잡고 있었어요.

이 고리에는 망원경이 달려, 관측하는 사람은 원하는 별을 정확히 정해서 그 위치를 파악할 수 있었어요. 장영실은 이 작은 고리를 통해 밤하늘의 모든 별을 빠짐없이 기록했어요.

하늘과 시간을 잇는 마법

혼천의의 가장 놀라운 비밀은 바로 여기에 숨겨져 있었어요.

장영실은 이 세 개의 고리가 스스로 움직이게 했어요.

그는 물의 힘을 이용한 물시계 기술을 혼천의에 연결해, 밤하늘의 별들이 실제로 움직이는 것처럼 혼천의를 천천히 회전시켰어요.

이렇게 만든 혼천의를 보며 별자리로 정확한 시간을 알 수 있게 되었어요. 혼천의는 하늘의 이치로 백성의 생활 방향을 알려준 위대한 소통의 기구이었어요.

이제 조선은 다른 나라의 달력을 빌려 쓰지 않고도, 스스로 하늘을 읽어낼 수 있는 나라가 된 것이에요.

세종은 기쁨을 감추지 못하고 장영실의 손을 잡으며 말했어요.

"영실아, 네가 만든 것은 곧 이 나라 백성의 생활을 풍요롭게 할 희망이며, 우리 조선의 정신을 드높인 자랑스러운 보물이다."

이렇게 조선의 과학은 위대한 왕과 뛰어난 발명가의 만남으로 수백 년의 소원이 담긴 결과를 얻었어요.

조선의 혼천의는 우리의 계절 변화를 정확하게 계산할 수 있는 천문 기기에요.

아무리 좋은 발명도 우리에게 적합하지 않으면 기능을 제대로 사용할 수 없어요. K 발명 기술은 한국인의 창의성으로 만든 세계적인 발명이에요.

혼천의 발명처럼 5,000년 발명 역사는 다른 나라의 기술을 따라 하는 것이 아니라, 지식과 기술을 새롭게 연구하여 만든 역사이에요.

중국 기술만 사용했다면 혼천의는 발명되지 못했을 것이에요.

한국인의 창의성은 모방을 넘어 새롭게 만드는 기술에 있었어요.

5,000년 발명 역사는 모방에서 새로운 발명으로 만드는 능력을 물려준 우리들의 유산으로 미래 첨단기술의 뿌리에요.

| 중국 혼천의, 한국 혼천의 비교 |

제30편

세계 최초 물시계 자격루 발명

아득히, 먼 옛날부터 인류는 시간을 흐름을 이해하기 위해 다양한 노력을 기울여 왔어요. 처음에는 자연 현상을 관찰하여 시간을 어림잡다가, 점차 정밀하고 세밀한 도구를 발명하면서 과학적인 시간 측정을 위해 많은 도전을 했지요.

고대 인류는 해와 달, 별의 움직임을 통해 시간을 알았어요.

해가 뜨고 지는 것을 기준으로 하루를, 달의 모양이 변하는 주기로 한 달을, 봄, 여름, 가을, 겨울 사계절의 변화로 1년을 정했지요. 그러나 하루의 흐름, 정확한 시간을 알 수가 없었지요.

고대 동아시아에서는 하루를 12개의 시간 단위로 나누었어요.

이것을 십이지라고 해요. 지는 약 2시간을 의미했고 12가지 동물 이름으로 불렀어요.

쥐, 소, 호랑이, 토끼, 용, 뱀, 말, 양, 원숭이, 닭, 개, 돼지 순으로 시간의 순서를 정했지요.

"김 대감, 내일 자시에 사람을 보내겠소."

자시는 23시에서 새벽 1시 사이를 말하는 것이었어요.

그러나, 23시에서 새벽 1시, 두 시간 차이를 정확하게 알 수는 없었고 대략 서로 시간을 추측하여 정하는 방법이었지요.

서로 다르게 생각하면 시간의 차이가 엄청 컸지요.

인류는 하루 24시간을 어떻게 잴 것인가? 고민했어요.

동양, 서양 모든 사람이 해결하려고 노력했어요.

인류는 시간을 알기 위해 해시계, 모래시계, 물시계 등으로 일정한 시간을 재보았지만 모두 실패했답니다.

해시계는 해 그림자를 보며 시간을 재었기 때문에 구름이 끼고 해가 없는 날에는 시간의 흐름을 알 수가 없었어요.

모래시계는 모래가 위에서 아래로 떨어지는 시간이 15분에서 20분 정도밖에는 잴 수가 없었지요.

기원전 6세기, 중국에서는 항아리를 이용하여 물시계를 만들었지만 하루를 잴 수 있는 물의 흐름 장치를 만들지 못했어요.

세계 최초로 일정한 시간을 재는 기술을 발명한 조선 시대 자격루는 오늘날 톱니바퀴 시계처럼 지속해서 일정한 시간을 재는 기술을 개발했던 것이에요.

1434년 10월, 조선의 수도 한양은 긴장과 기대감으로 가득했어요. 세종의 꿈, 백성에 대한 사랑이 가득 찬 자격루가 궁궐에 설치되는 날이었어요.

"백성들이 시간을 몰라 고생하는 것을 보니 내 마음이 아프구나. 해와 별의 움직임에 의지하지 않고, 모두가 정확한 시간을 알 수 있는 기계를 만들 수는 없겠느냐?"

백성들이 정확한 시간을 알 수 있게 하고, 기존 물시계의 시간 차이와 사람이 직접 다루는 불편을 해소하려 했던 세종대왕의 깊은 뜻이 발표되는 날이었어요.

모두가 자격루가 어떻게 만들어졌는지 궁금했어요.

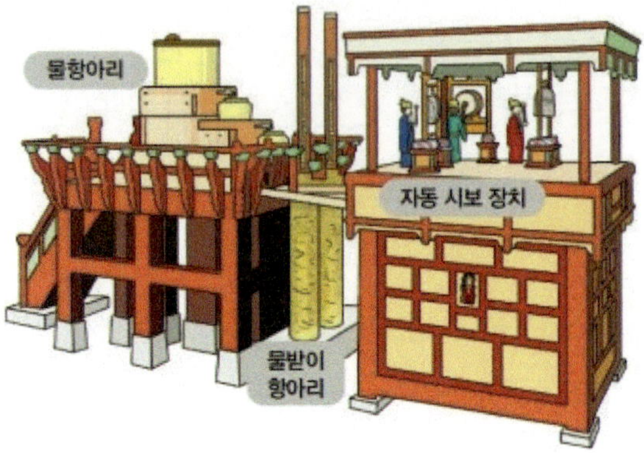

자격루

자격루는 물이 정해진 양만큼 채워지면 쇠구슬이 굴러 떨어지고, 그 힘으로 인형이 움직여 종, 북, 징을 울리는 방식이었어요.

자정이 되면 종이 스무 번, 새벽에는 열아홉 번, 이렇게 시간에 맞춰 정확히 소리를 내어 백성들이 시간을 알게 했어요.

사람들은 세계 최초로 자동으로 돌아가는 물시계 자격루를 보면서 놀라운 찬사를 보냈어요.

세종의 꿈, 자격루 개발

세종대왕은 당시 최고의 기술자였던 장영실에게 이 원대한 과제를 맡겼어요. 세종의 명을 받은 장영실과 김조 등의 동료들은 2년 동안 연구와 실험에 몰두했지요.

"영실아, 잘되겠느냐? 많은 백성들이 시간을 알아야 할진대, 이리 어려운 일에 매달리게 해서 내 마음이 아프구나."

세종은 인류가 수천 년 동안 정확한 시간을 알리는 방법을 찾지 못했던 일을 맡기는 것이 지나친 것이 아닌가, 걱정했어요.

"전하, 염려 마십시오. 김조와 여러 장인과 함께 온 힘을 다하고 있습니다. 낮과 밤을 가리지 않고, 오직 백성들을 위한 마음으로 만들고 있사옵니다."

장영실은 늘 자신의 옆을 지키는 김조에게 말했어요.

"김조야, 이 안에 톱니바퀴 하나라도 잘못 물리면 멈춰버리는 것이 물시계이니, 자네가 마무리하는 쇠붙이 하나하나에 정성을 다해야 하네. 우리가 만드는 것은 백성들의 시간을 지키는 약속일세."

"영실 나리, 걱정하지 마십시오. 제 손으로 만드는 이 쇠붙이들이야말로 우리의 긍지이자 백성을 향한 마음입니다. 이 물시계가 제때 소리를 낼 수 있도록 혼을 담겠습니다."

두 사람은 끝없이 대화하며 동료들과 하나씩 만들었어요.

자격루는 기술 개발인 동시에 백성을 생각하는 마음이 담긴 사랑의 예술품이었어요.

2년간 만드는 동안 작업실에는 밤낮없이 톱니바퀴 깎는 소리, 나무를 다듬는 소리, 물방울 떨어지는 소리가 끊이지 않았어요.

많은 실패와 좌절 속에서도 그들은 포기하지 않았어요.

물이 정해진 양만큼 채워지면 쇠구슬이 굴러 떨어지고 그 움직임으로 인형이 움직여 종, 북, 징을 울리는 방법을 찾았지요.

시간을 조절하는 자격루

장영실의 위대한 발명품인 자격루는 물의 흐름을 이용해 시간을 재고, 그 시간에 맞춰 자동으로 소리와 인형으로 시각을 알려주는 과학적인 원리로 움직였어요.

물의 흐름을 이용한 시간을 재는 장치인 자격루는 물의 흐름을 일정하게 유지하는 것이 가장 중요하지요.

장영실은 물의 흐름을 일정하게 유지하는 방법을 고민했어요.

“어떻게 일정하게 물을 흐르게 할까?”

골똘하게 생각하는 장영실에게 노인이 물었어요.

“여보시게, 뭘 그렇게 생각하시는가?”

“세월은 저 계곡처럼 물이 흘러 차면 넘쳐서 스쳐 가는 것이네”

노인의 말에 정영실이 무릎을 쳤어요.

“아이고, 어르신 고맙습니다.”

계곡의 물이 위에서 아래로 물이 고였다가 흘러가는 것을 보는 순간에 바로 이거야! 라는 생각을 했어요.

“그렇지, 맞아!”

“계곡처럼 항아리에 물이 고이면 넘쳐 흐르게 하면 되겠다!”

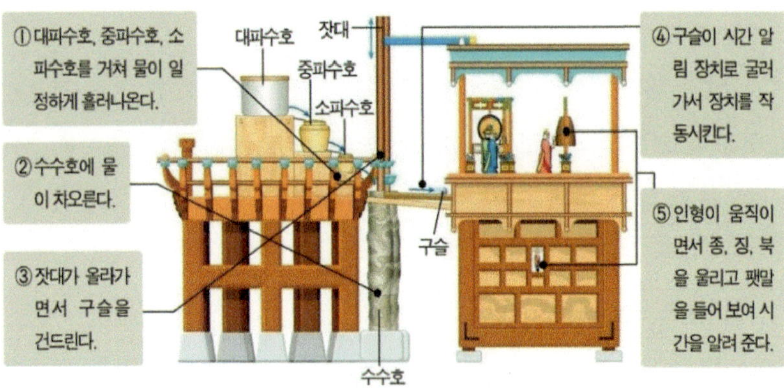

| 자격루 구조 |

장영실은 자격루를 세 개의 항아리를 파수호, 수수호, 그리고 물을 최종적으로 받는 항아리로 나누어 물의 흐름을 일정하게 유지하게 하여 왕실의 권위를 상징하는 용머리 모양으로 만들었어요.

세 개의 항아리를 거쳐 가는 동안 일정한 물의 흐름이 조절되는 것을 실험했지요.

가장 위에 있는 항아리인 파수호는 물을 가득 담아 물의 속도를 일정하게 조절하도록 만들었어요.

마치 거대한 댐처럼 만들어 물을 한 방울씩, 아주 규칙적으로 아래 항아리로 흐르도록 했지요.

"김조야, 이 항아리의 물줄기가 흔들리면 모든 것이 헛일이 되네. 물길을 고르게 하는 것이 이 시계의 첫걸음이네."

장영실의 말처럼, 파수호에서 흘러나온 물은 중간 항아리인 수수호로 떨어졌어요.

이 수수호에 물이 차오르는 동안 일정한 시간을 잴 수 있었어요. 파수호에 담겨진 물을 다음 단계 수수호로 떨어지는 장치를 통해 일정한 시간이 지나도록 만든 방법이에요. 마치 해가 동쪽에서 서서히 떠오르고 서쪽으로 지는 것과 같았어요.

떠오르는 화살이 구슬을 깨우다.

수수호 안에는 나무로 만든 화살 모양의 막대, 부전을 만들어 물 위에 띄웠어요.

시간이 흐를수록 물이 차오르면서 함께 부전이 서서히 떠오르게 만든 것이죠. 바로 이 부전으로 시간의 흐름을 볼 수 있었어요.

“저 화살이 마치 시간을 타고 오르는 것처럼 보이네.”

김조가 물었어요.

“이 화살이 일정 높이까지 오르면 어떤 일이 일어나죠?”

장영실은 턱을 고이고 있던 손으로 구슬을 집어 들었어요.

“바로 자네가 만든 구슬이 부전을 통해 시간을 알리게 만드는 거지. 그래서 자네가 만든 구슬이 중요하다고 한 것이네”

부전이 정해진 높이에 도달하면, 연결된 끈이 당겨져 작은 쇠구슬이 굴러 떨어지게 했어요.

구슬이 톡톡 떨어지는 소리는 사람들에게 시간을 알리는 신호의 시작이었죠.

깨어나는 인형들, 시간을 외치다.

굴러 떨어진 쇠구슬은 복잡한 톱니바퀴와 지렛대 장치를 작동시켰어요. 구슬의 작은 힘이 톱니바퀴를 돌리고, 그 힘은 다시 지렛대를 움직여 여러 개의 망치를 들어 올렸지요.

‘쨍!’, ‘둥!’, ‘징!’

새벽이 되자, 망치가 종, 북, 징 소리를 울려 퍼트렸어요.

마치 마법처럼 작은 문이 열리며 시간을 알리는 인형이 모습을 드러내며 종, 북, 징 소리를 냈어요.

인형은 마치 살아있는 듯, 그날의 시각을 알리는 팻말을 들고 있었어요.

백성들은 궁궐에서 울려 퍼지는 자격루의 소리를 들으며 하루를 시작하고 마무리하게 되었어요.

이제는 해의 움직임만으로 시간을 짐작하지 않아도 되었죠.

장영실과 수많은 장인의 땀과 노력이 모여 만들어진 자격루는 그렇게 조선 백성들의 생활에 정확한 시간을 알려주었어요.

물 한 방울, 쇠구슬 하나에 담긴 그들의 지혜는 시대를 초월해 세계 최초로 빛나는 자랑스러운 물시계 역사를 썼답니다.

자격루로 시간을 공유하다.

자격루는 그저 시간을 알려주는 기계가 아니었어요.

당시 백성들은 해의 움직임이나 닭의 울음소리로 시간을 짐작해야 했지만 자격루의 정확한 시각 알림 덕분에 살아가는데 크게 도움이 되었어요.

농부들은 씨를 뿌리고 거둬들이는 시기를 정확히 알게 되었고, 상인들은 시장 문을 여닫는 시간을 통일할 수 있었어요.

자격루는 왕과 백성 모두가 함께 시간을 알게 하는 조선 과학기술의 상징이었어요.

장영실과 수많은 장인의 땀과 노력이 담긴 자격루는 세계 최초의 자동 물시계라는 위대한 기록을 만들었어요.

그들은 기술을 발달시킨 것만이 아니라, 백성들의 생활을 더 나은 방향으로 이끌었어요.

그들의 빛나는 지혜와 백성을 향한 따뜻한 마음이 만들어낸 기적과도 같은 유산이에요.

자격루는 오랫동안 경험했던 한국발명 역사의 창조성과 손기술에 의한 발명이에요. 우리는 5,000년 발명 역사를 통해서 조상의 우수한 창조성과 뛰어난 손기술을 유전자로 물려받았어요.

한국인은 세계에서 가장 창조적인 민족이고 뛰어난 손기술을 가진 민족이에요.

발명은 생각을 행동으로 실천하는 도전 정신과 실패를 통해 새로운 역사를 만들어가는 창조 정신이랍니다.

5,000년 한국발명 설화와 아름다운 이야기

K-발명 역사이야기

초판 인쇄 _ 2025년 12월 15일
초판 발행 _ 2025년 12월 20일

저자 _ 강충인
동화 _ 최종영
발행인 _ 김이백
발행처 _ 북엠(Book Maker)

주소 _ 서울시 영등포구 경인로82길 3-4
전화 _ 02-2164-2070

ISBN _ 979-11-92584-13-3(73500)

정가 _ 22,000원

K-발명 역사이야기